아름다운 예산이 담겨진 따듯한 전산 시스템

사회서비스 전자바우처

-희망e든 프로젝트-

이 재 원

머 리 말

양극화와 저출산·고령화 등 새로운 사회 문제에 대응하기 위하여 보건복지부에서는 2006년에 사회서비스혁신추진단(현재 지역복지서비스정책관실)을 설치하여 기본 정책을 구상하고, 2007년 3월부터 사회서비스관리센터와 함께 제1단계로 노인돌보미, 장애인 활동보조, 산모신생아 돌보미, 그리고 지역사회서비스 혁신사업 등 4대 바우처 사업을 추진하였다. 생활은 빠듯하지만 소중한 미래의 희망을 가지는 일반 서민 모두를 위한 새로운 복지 서비스이다.

일상 생활의 안정을 통한 가족의 행복은 직장에서 열심히 일할 수 있는 좋은 사회적 기반이 된다. 나이든 부모님을 돌봐드리고 자식들의 읽고 쓰기만큼은 남들처럼 제대로 할 수 있게 국가가 지원한다면 공장에서, 건설 현장에서, 그리고 사무실에서 좀더 실감나게 일하는 보람을 찾을 수 있다. 서민 생활 서비스 지원이 경제 성장의 밑바탕이 되는 이유이다.

2007년부터 시작된 보건복지부의 4대 바우처 사업은 시장과 수요자 중심의 새로운 복지 전달 체계 구축을 시도하였다. 빈곤 계층에 국한되는 기초생활보장 제도는 표준화된 복지 서비스를 공급기관 중심으로 안정적으로 제공한다. 하지만 대다수 국민들의 생활을 지원하는 그리고 적어도 평균 소득 이하인 60% 국민을 대상으로 하는 보편적 사회서비스 정책에서는 대상의 규모를 고려하고 소비자 맞춤형 특성을 실현하기 위하여 새로운 전달 체계가 필요했다. 이를 위하여 소비자의 선호와 선택을 활성화하고 부정 사용을 효과적으로 감독할 수 있는 전자바우처 방식을 구상하였다.

한참의 설명이 있어야 필요한 이유들이 납득되었던 어려운 사업이지만, 2007년 4월부터 시작하여 현재까지 대체적으로 무난히 전개되고 있다. 새로운 사업에서는 늘 그러하듯이 찬반이 엇갈린다. “국가가 이런 서비스까지도, 그것도 이렇게 서둘러 하여야 하나?”라는 언론의 비판에서부터 “복지사업에 자부담이 웬 말인가?”라는 전통적 복지정책 관점에서의 불만, 그리고 “내 삶이 달라졌어요”에서 “이제서야 세금 낸 보람을 찾는다”라는 고객에 이르기까지 다양한 견해들이 제시되고 있다. 이제 전자바우처 사업은 선심성 퍼주기와 사회 기반에 대한 전략 투자의 중간에서, 소비자의 선택과 시장의 평가를 기다리고 있다.

(재)사회서비스관리센터는 보건복지부가 2007년 말에 설립한 공공기관으로 전자바우처 시스템 운영을 총괄하면서 관련 민간기관들과 유기적인 정책 협력 및 지원 활동을 수행하고 있다. 또한 시장과 수요자 중심의 사회서비스 정책에 대한 반대와 찬성의 모든 의견들을 모아 정부에 전달하고 체계적인 성과 모니터링을 통하여 좋은 정책의 개발을 지원하고 납세자에게 투명한 성과 정보를 제공하고자 노력하고 있다.

이 책에서는 사회서비스 전자바우처 사업에 내재되어 있는 논리적 토대와 정책의 실제 현황, 그리고 제2단계 사업의 정책 과제들을 정리하였다. 필자는 보건복지부의 전자바우처 사업을 정책 현장에서 직접 참여하였다. 하지만 필자가 인식 및 해석하는 범위 내에서 정리하였기 때문에 구체적인 실제 정책과는 차이가 있을 수 있다. 그래서 이 책의 내용은 보건복지부와 사회서비스관리센터의 공식 견해가 아님을 미리 밝혀둔다.

새로운 사회서비스 정책과 복지 전달 체계를 성공적으로 정착시키기 위하여 노력하고 있는 보건복지부 관계 공무원들과 사회서비스관리센터의 직원들 그리고 현장에서 서비스를 직접 공급하는 많은 제공 기관과 종사자분들께 감사드린다. 이 책은 그 분들이 작년 한 해 동안 이루었던 결실을 정리한 것이다. 마지막으로 바쁜 출판 일정에도 불구하고 흔쾌히 이 책의 출간을 위하여 애써 준 대영문화사 임춘환 사장님을 비롯한 직원들께도 감사드린다.

2008년 새해 아침

저자 씀

차 례

직접 참여하였다. 하지만 필자가 인식 및 해석하는 범위 내에서 정리하였기 때문에 구체적인 실제 정책과는 차이가 있을 수 있다. 그래서 이 책의 내용은 보건복지부와 사회서비스관리센터의 공식 견해가 아님을 미리 밝혀둔다.

새로운 사회서비스 정책과 복지 전달 체계를 성공적으로 정착시키기 위하여 노력하고 있는 보건복지부 관계 공무원들과 사회서비스관리센터의 직원들 그리고 현장에서 서비스를 직접 공급하는 많은 제공 기관과 종사자분들께 감사드린다. 이 책은 그 분들이 작년 한 해 동안 이루었던 결실을 정리한 것이다. 마지막으로 바쁜 출판 일정에도 불구하고 흔쾌히 이 책의 출간을 위하여 애써 준 대영문화사 임춘환 사장님을 비롯한 직원들께도 감사드린다.

2008년 새해 아침

저자 씀

차 례

직접 참여하였다. 하지만 필자가 인식 및 해석하는 범위 내에서 정리하였기 때문에 구체적인 실제 정책과는 차이가 있을 수 있다. 그래서 이 책의 내용은 보건복지부와 사회서비스관리센터의 공식 견해가 아님을 미리 밝혀둔다.

새로운 사회서비스 정책과 복지 전달 체계를 성공적으로 정착시키기 위하여 노력하고 있는 보건복지부 관계 공무원들과 사회서비스관리센터의 직원들 그리고 현장에서 서비스를 직접 공급하는 많은 제공 기관과 종사자분들께 감사드린다. 이 책은 그 분들이 작년 한 해 동안 이루었던 결실을 정리한 것이다. 마지막으로 바쁜 출판 일정에도 불구하고 흔쾌히 이 책의 출간을 위하여 애써 준 대영문화사 임춘환 사장님을 비롯한 직원들께도 감사드린다.

2008년 새해 아침

저자 씀

차 례

직접 참여하였다. 하지만 필자가 인식 및 해석하는 범위 내에서 정리하였기 때문에 구체적인 실제 정책과는 차이가 있을 수 있다. 그래서 이 책의 내용은 보건복지부와 사회서비스관리센터의 공식 견해가 아님을 미리 밝혀둔다.

새로운 사회서비스 정책과 복지 전달 체계를 성공적으로 정착시키기 위하여 노력하고 있는 보건복지부 관계 공무원들과 사회서비스관리센터의 직원들 그리고 현장에서 서비스를 직접 공급하는 많은 제공 기관과 종사자분들께 감사드린다. 이 책은 그 분들이 작년 한 해 동안 이루었던 결실을 정리한 것이다. 마지막으로 바쁜 출판 일정에도 불구하고 흔쾌히 이 책의 출간을 위하여 애써 준 대영문화사 임춘환 사장님을 비롯한 직원들께도 감사드린다.

2008년 새해 아침

저자 씀

차 례

표 차례

그림 차례

1

현실에 대한 인식, 지금 필요한 것

최근 10년간 국가 예산에서 사회복지 지출이 급속히 증대되어 정부 재정에서 가장 큰 비중을 차지하고 있다. 그럼에도 불구하고 주요 국가들과 비교할 때 여전히 사회복지는 취약한 수준이어서 지속적인 복지 확충의 필요성이 강조되고 있다. 그런데 정부 지출이 계속 확대되어도 국가에 대한 신뢰와 사회의 안정성은 기대만큼 높지 않은 것이 현실이다.

또 다른 고민이 있다. 전통적으로 사회복지 서비스들은 국가의 총생산은 증대시키지만 생산 역량을 강화하는 데 한계가 있어 사회적 소비로 인식되고 있다. 따라서 주요 국가들과 비교할 때 사회복지 수준이 여전히 낮은 것은 사실이지만, 국가의 공공 재원을 사회복지 부문에 집중할수록 상대적으로 성장 잠재력이 약화되고 사회 전체적으로는 일자리 창출 기회가 축소될 가능성이 우려되고 있다.

이와 같은 복지정책의 쟁점들은 새로운 내용과 접근 방식의 사회정책이 필요한 이유가 된다. 보건복지부가 2007년도에 실시하였던 사회서비스 전자바우처 사업들은 기존 쟁점에 대한 원인과 대안 찾기의 고민에서 출발하였다.

첫째, 가족과 공동체를 위한 '새로운' 사회서비스가 필요하다. 주요 선진 국가들과 비교하여 빈곤과 질병에 대응하고 사회안전망을 구축하는 기초적인 복지 서비스가 여전히 취약한 것은 사실이지만 새로운 사회적 위기에 대한 대응 수단은 좀더 다양해져야 한다. 위기의 원인이 다른 곳에 있기 때문이다. 즉 저출산·고령화, 근로 빈곤, 소득 양극화, 빈곤의 악순환, 구조적인 사회 배제와 기회 박탈 등과 같은 새로운 사회적 위기의 바탕에 '가족과 공동체'의 해체 혹은 구조 변화가 급진전되고 있는 현실을 주목하여야 한다.

일상 생활 영역에서 가족과 공동체가 비공식적으로 수행하던 생활 서비스 역할을 누군가 대신하여야 한다. 취약 계층에 집중되어 있는 지역사회의 자원봉사 기능만으로는 양과 질적 대응에 한계가 있다. 따라서 새로운 위기에 대한 정책의 초점은 질병과 빈곤에 대한 전통적인 사회복지가 아닌 감당 가능한 가격 수준에서도 충분히 품질이 보장되는 양질의 사회서비스가 필요하다. 그리고 전자를 대체하는 후자가 아닌 전자와 병행하는 복지 통합 방식이 요구된다.

둘째, 누구나 이용할 수 있는 '보편적' 사회서비스가 필요하다. 사회서비스는 일부 특정 취약 계층만이 필요한 것이 아니다. 지식기반 경제 체제로의 이행기 국면에서 발생하는 사회적 계층 양극화로 인하여 사회적 기반을 형성하던 중간 계층 전체에서 위기가 발생하고 있다. 안정적인 중산층이 중심이 되었던 '대량생산-대중소비'의 근대 제조업 시대와는 달리 최근의 새로운 사회 경제 체제에서는 불안정성과 불규칙성 그리고 양극화와 이중성의 고착 현상이 보편화되고 있다.

따라서 사회적 계층 유동성을 확보하고 국민 모두에게 삶의 기회의 균등을 보장하고 사회적 통합을 실현하기 위한 사회서비스 정책의 대상은 기초생활 수급자를 중심으로 하는 잔여적 사회복지에 국한되어서는 안 된다. 최소한 평균 소득 이하의 모든 서민들이 삶의 희망을 가지기 위하여 자산과 소득 상태가 아닌 필요한 '욕구'에 따라 사회서비스를 제공받아야 한다.

도로, 상하수도, 체육공원 등과 같이 물리적 영역에서는 전체 소득계층이 모두 이용할 수 있는 보편적인 공공서비스들이 공급되고 있다. 취약 계층 생활 보호의 소극적인 복지정책 맥락보다는 일상 생활의 보편적인 공공서비스와 동일한 연장선상에서 가족과 공동체의 역할을 공공서비스를 통하여 대체할 수 있는 보편적 사회서비스가 필요하다. 의사 결정 수준에서는 노숙자 쉼터와 아동 인지 능력 투자 재원이 경합하는 것이 아니라 도로 포장과 아동 투자를 두고 재정 우선 순위를 고민하여야 한다.

셋째, 이용자와 지역사회 중심의 '맞춤형 서비스'가 필요하다. 사회가 복잡해지고 개인의 선호와 선택이 다양해지면 일상 생활에 필수적인 사회서비스 역시 개인·지역별로 맞춤형으로 설계되어 실제 혜택을 받는 수요자의 눈높이에서 공급되어야 한다. 또한 중앙정부의 표준적인 시각에서 적정 수준으로 설계하는 사회안전망 정책과는 달리 사회서비스는 개인 실제로 필요한 서비스가 의미 있는 효과를 창출할 수 있을 정도로 '충분'하게 공급되어야 한다.

표준화된 공급자 지원 방식에서는 복지 인프라 확충을 위한 시설투자의 비중이 큰 사회복지 서비스 정책이 많다. 하지만 국가가 지원할 수 있는 제한된 재원 총량을 생각하면 복지시설의 확충과 이용자들을 위한 충분한 서비스 공급은 반드시 일치하지 않는다. 시설 중심의 서비스는 공급자 관점에서 표준적으로 제공되는 경향이 있으며,

시설이 없으면 서비스가 제공되지 못한다.[1] 이용자들의 눈높이에 좀 더 부합되고 특정 복지시설이 없을 때는 대체 가능한 지역 자원들을 효과적으로 활용할 수 있는 방법에 대하여 고민해야 한다.

한편, 사회서비스 정책에서는 지방자치단체와 지역 시민사회의 역할이 무엇보다 중요하다. 그런데 사회서비스 영역에서 복지 분권이 필요하다는 주장에는 쉽게 동의할 수 있는데, 분권 가치가 지속적으로 주창되었지만, 지방이 주도하는 맞춤형 사회복지는 실현되지 않고 있거나 부작용이 더 크다는 비판도 적지 않다. 많은 기대와 우려 속에서 추진된 분권교부세 사업들이 사회복지 기능의 지방 이양에 대한 회의적인 분위기를 만들었던 현실에서 보건복지부는 맞춤형 그리고 분권형 복지 서비스 전달 체계를 위한 새로운 대안을 찾아야 한다.

넷째, '부담 가능하면서도 품질이 높은' 사회서비스(affordable service)가 필요하다. 현금 급여 방식의 잔여적 사회복지 정책의 틀에서는 사회적 기반 확충을 위한 사회서비스 정책을 포괄하는 데 한계가 있다. 이론적으로는 현금으로 지원하는 것이 소비자의 선택권을 보장하는 가장 좋은 방식이다. 하지만 지금 우리 사회에서는 현금으로 구입할 수 있는 가족과 공동체를 대신할 수 있는 사회서비스 상품 자체가 없는 경우가 많고 시장의 민간 상품들은 너무 가격이 높아 서민들은 구입할 엄두를 내지 못한다.

더구나 국가 재정 형편에 따라 수요관리 차원에서 예산의 형편에 맞추어지는 제한적 수준의 복지정책으로서는 전문화된 고급 서비스

---

1) 더욱이 재정력이 취약한 지자체가 시·군비 부담이 힘들 경우 해당 지역에서는 복지시설이 설치되지 못하여 관련 사회서비스 자체가 제공되지 못하는 복지 사각지대가 계속 남게 된다. 충분한 복지 재원 지원이 수반되지 못할 경우 공급자 지원 방식이 가지는 불가피한 한계이다.

를 구매할 수 있을 정도로 충분히 지원하지 못한다. 필요한 서비스들은 민간 시장에 의존할 수밖에 없으며 지불 능력이 없는 서민들은 이용하기 힘든 현실에서 사회 양극화가 더욱 심화된다.

비영리 복지기관 중심의 잔여적 복지정책들은 서비스 품질 제고와 사회 기반 확충 효과 창출에 한계가 있다. 국가가 감당하여야 할 비용이 상당하여 정책 자체가 시도되지 못할 수 있다. 이와 같은 현실들을 종합적으로 고려하면 국가의 새로운 지렛대 역할을 통하여 양질의 저렴한 사회서비스들이 안정적으로 공급될 수 있는 다양한 형태의 사회서비스 공급 방식들이 개발되어야 한다. 저소득층 주택정책 분야에서는 국가와 개인이 공동으로 책임지는 '구매 가능한 주택(affordable housing)' 논의가 있다. 보편적 사회서비스 정책도 동일한 맥락의 공공서비스로 접근하여야 한다.

다섯째, '효율적이고 투명한' 전달 체계가 필요하다. 잔여적 복지정책에서 국가 재정의 예외로서 복지 지출이 이루어질 때는 전달 과정의 효율과 투명성에 대한 쟁점은 크지 않았다. 투입되는 공공재원이 상대적으로 많지 않았으며 복지 서비스는 사회적 소비라는 인식이 지배적이었고 현실적으로 사회서비스가 개인별로 지원·소비되기 때문에 개별적으로 소비 과정을 관리하는 작업이 쉽지 않다는 정책 특성도 있었다.

하지만, 사회 기반 투자를 위한 보편적 사회서비스에 대해서는 기존과는 달리 투명하고 효율적으로 집행되어야 하는 납세자 책임이 부여된다. 또한 전략적인 성과관리 체계를 구축하여 추가적으로 납부하여야 하는 세금이 사회복지 부문에 투입되어야 하는 이유에 대하여 납세자들의 공감을 얻어야 한다. 특히 주요 국가의 사례에서와 같이 복지정책이 국가의 중심적인 재정 지출 부문으로 자리매김되면 예산 지출의 과정과 성과에 대하여 세금을 납부한 국민들이 납득할 수 있어야 한다. 국가의 예산에서 사회복지 분야의 비중이 월등히 높은 주요 국가들이 성과관리 혹은 성과주의 예산 체계를 강화할 때 핵심 정책 영역은 당연히 복지 분야가 된다.

한편, 복지 재정의 지리적 외부성 문제를 고려하면 지자체의 적극적인 재정 지출에는 한계가 있다. 따라서 보편적 사회서비스 정책에서는 중앙정부가 사회적으로 재원을 동원하고 지자체가 주도적으로 맞춤형 서비스를 설계·공급하는 새로운 정책관리 방식이 필요하다. 그런데 재원 동원과 지출의 지리적 단위가 다르기 때문에 지자체의 도덕적 해이 문제가 항상 쟁점이 된다. 따라서 지역사회 서비스가 비록 지방자치단체를 통하여 집행되고 있지만 구성 재원의 절반 이상이 국가 전체적으로 동원되기 때문에 특정 지역에 국한되는 사회복지 재정 지출에 대해서도 해당 지역 주민에 국한되기보다는 전국 차원에서의 납세자 책임이 부여되어야 한다.

요약하면, 지역 현장에서 사회서비스의 이용자 개인이 필요한 서비스를 자율적으로 선택하여 소비하면서도 관련 재원 지출 과정이 투명하게 관리될 수 있어야 한다. 또한 개인 서비스(human service) 정책이 가지는 지자체의 행정관리 부담도 최소 수준으로 유지될 수 있는 복지 전달 체계가 필요하다.

여섯째, 사회서비스 산업 육성과 일자리 창출이 연계되어야 한다. 노인 돌봄과 아동 보육 서비스와 같은 사회서비스는 서민들의 일상생활을 지원하면서 생활의 안정을 통하여 사회적 임금으로서 경제 영역과 통합할 수 있는 여지가 충분하다. 그런데, 전통적인 사회복지 부문과는 달리 좀더 직접적으로 지역경제 혹은 시장 일자리와 통합할 수 있는 여지가 많은 부분이 '사회서비스' 영역이다.

주요 국가의 경우 탈제조업 시기에 사회서비스 영역들이 지역경제의 주요 산업으로 육성되면서 적절한 일자리(decent job)들이 창출되고 있다. 따라서 사회서비스 정책에서는 새로운 사회적 위기에 대한 대응 목표뿐 아니라 '시장' 일자리 창출 목적 역시 중요하게 설정되어야 한다. 최소한 구조적으로 지역경제가 침체되고 있는 중소 도시와 농어촌 낙후 지역에서 분절적이고 일시적인 사회적 일자리 혹은 공공 일자리 수준이 아닌 지속 가능한 시장 일자리들이 사회서비스 정책을 통하여 마련될 수 있어야 한다.

이상과 같이 새로운 사회서비스 정책을 설계하는 현실의 마당에서 출발하면 뭔가 다른 방식이 필요하다는 생각이 간절해진다. 현행 사회복지 서비스 정책과 관련 전달 체계의 특징을 요약하면 현금 급여, 중앙정부 주도, 취약 계층에 국한되는 잔여적 복지, 공급자 지원 방식, 그리고 지방 단위의 전문조직과 담당 인력의 대폭 확충 요구 등이다. 그런데 이와 같은 사회복지의 내용과 정책 운영 혹은 전달 방식들은 지금과 같은 사회구조 전환기의 새로운 위기에 효과적으로 대응하는 데 분명 한계가 있다.

새로운 사회적 위기에 대한 대응은 기초적이고 잔여적인 복지를 넘어서는 다른 새로운 형태의 대안적인 사회복지 정책을 통하여 추진되어야 한다. 사회안전망 구축과 함께 기회 균등, 사회 통합, 그리고 예방적인 사회 기반 확충 정책이 요구되고 있다. 최소한 평균 이하 소득계층 모두를 대상으로 하는 보편적 사회복지, 현물 형태의 사회서비스 확대, 지방 중심의 맞춤형 개인 서비스, 그리고 시장과 수요자 중심 방식을 적용할 수 있는 새로운 제도가 필요하다.

2

사회서비스 전자바우처의 이론 기초와 지향

1. '사회서비스'란?

취약 계층을 위한 공공부조와는 달리 사회서비스에 대해서는 이론적으로 명확하게 정의되지 않는다. 사회복지학에서는 사회복지 서비스, 대인사회 서비스, 사회적 보호 등과 같이 혼용하고 있으며, 행정학에서는 공공서비스로 포괄하고 있다. 공공행정, 국방, 교육, 소득보조, 질병관리 등 국가가 국민들에게 제공하는 혜택을 모두 망라하는 광의의 개념에서부터 지역사회 내에서 사회적 보호 혹은 사회안전망으로서 취약 계층에 대한 원조의 개념에 이르기까지 학문적 관점에 따라 다양하게 사용하고 있다(정경희 외, 2006).[1]

그런데, 사회복지 분야에서는 학문의 고유 특성상 '보건복지부', '취약 계층'과 '비영리' 요소를 강조하지만 현실은 그 이상으로 진행되고

1) 각종 선행 연구들을 종합하여 사회서비스를 정의하였던 정경희 외(2006)에서는 "사회서비스는 이윤 추구를 일차적 목적으로 하지 않으면서 사회적 욕구 충족에 초점을 두는 집합적이고 관계 지향적인 활동"으로 정의하였다.

있다. 보건복지부 이외에 교육, 문화, 체육 등을 담당하는 사회정책 관계 부처에서 국민들에게 제공하는 많은 유형의 공공서비스들이 사회서비스 범주에 포함되며 일반 국민들의 생활에 더욱 밀접하다.

가족과 공동체가 비공식적으로 담당하던 활동들이 시장경제에서 새로운 산업으로 성장하고 있는 영역들도 많다. 결혼정보 서비스, 웨딩플랜 서비스, 부동산 중개, 이삿짐센터, 가사도우미 시장 등이 대표적이다. 컨설팅, 연구개발, 디자인 등과 같은 분야의 산업을 사업자서비스업(business service)이라고 한다면 이와는 달리 앞의 업종들은 사회서비스업이 된다. 신산업으로 성장하고 있는 부동산 정보 전문 기업인 '부동산114(주)' 본사의 현관 유리문에도 'social service'가 명시되어 있다.

현장의 민간 복지기관들은 각종 사회서비스 사업에서 영리가 일차적인 목적이 아니라고 전제한다. 하지만 실제로는 적정 이윤이나 비용 보전이 되지 않으면 정부 사업에 적극 참여하지 않는 경우가 많다. 최근 정부가 적극 추진하고 있는 '사회적 기업'은 (표면적 명분은 아니더라도 결과적으로) 사회서비스 분야에서 민간 비영리기관들이 좀더 적극적으로 영리 활동을 수행할 수 있도록 유도하는 것이다. 이러한 현실에서, 기존에 정리되고 있는 학문적인 용어로서 '사회서비스'에 대한 정의들이 포괄할 수 있는 현장의 범주는 상당히 협소할 수 있다.

이러한 점을 고려한다면, 사회서비스라는 것을 도시계획 시설이나 공공서비스 등과 같이 엄격한 학문 혹은 이론적 정의를 요구하지 않는 보편적인 일반 용어로 사용하고 관련 법률 혹은 정책의 목적에 따라 한정된 규정을 위하여 조작적으로 개념화 혹은 유형화하는 수준에서 사용하는 것이 합리적일 수도 있다.

다만, 국가의 재정 지출이 수반되는 사회서비스 정책은 일반적인 행정 서비스 혹은 공공서비스와는 구분되는 뚜렷한 특징이 있다. 우선, 경제 영역에서의 국가 서비스와는 구분되는 '사회' 영역의 서비스이다. 전자는 주로 생산 부문에 대한 지원인 반면 후자는 노동의 재생산 즉 국민들의 일상 생활과 관련된 재정 지출이다. 사회서비스란 중소기업진흥기금과 같이 기업에 대한 직접적인 지원이나 도로와 항만처럼 경제 활동을 직접적으로 지원하는 경제 서비스가 아닌 가족과 공동체를 위한 생활 서비스이다.

둘째, 사회서비스는 개인 단위로 소비되지만 '취미' 활동과는 구분된다. 종이접기나 골프와 같이 개인의 취미에 따른 자유로운 소비 부문이 아닌 아동 정서 교정, 발달장애 치료, 그리고 아동학습 비전 및 인성 개발과 같이 집합적 대응(collective action)이 필요하다고 '사회적'으로 인정되는 공공서비스이다. 또한 이삿짐센터, 부동산 소개, 결혼 정보 제공 등과 같이 개인이 전적으로 책임지기보다는 국가가 개인과 공동으로 책임을 부담할 필요가 있는 영역에서의 국가 혹은 지역 서비스들이다.

셋째, 재화와는 구분될 수 있는 용역 즉 무형의 서비스에 초점이 맞추어진다.[2] 따라서 국민들의 일상 생활을 지원한다는 측면에서는 특징을 공유하지만 사회서비스는 도로 포장, 보도 블록, 가로수, 신호 등과 같은 유형적인 재화와는 구분되는 개인 특정적인 서비스이다.

넷째, 사회서비스는 국가가 직접 개인하는 공공서비스이면서도 공공재의 순수성을 가지기 힘들다는 또 다른 성격이 있다. 순수 공공재

2) 현실 정책에서 이 부분은 엄격하게 구분되지는 않는다. 장애인용품 공급과 도시락 배달 등과 같이 유형의 현물 지원도 사회서비스 정책 영역에서는 중요하게 인식되기 때문이다.

는 소비에서의 비경합성과 비배제성 특성이 있다.[3] 하지만 사회서비스는 개인 서비스로서 서비스 제공자와 수혜자가 한정된 범위 내에서 개별적으로 매칭(matching)되어 있다. 따라서 공공재의 순수성을 유지하는 것이 거의 불가능하다. 따라서 사회서비스는 물리적 공공재와는 달리 서비스가 지속되기 위해서는 서비스 공급 단위당 비용 부담이 상당하다. 가용한 예산 재원이 제한될 경우에는 소비 단계에서 초기 진입을 하지 못하면 기존 수혜자의 기득권 형성에 따라 국가의 서비스 혜택에서 계속 배제될 수 있는 특성을 가진다.

다섯째, 국가 정책에서는 사회서비스에 대한 담론을 두고 사회정책을 담당하는 여러 사회 부처들이 조작적으로 정의를 만들기도 한다. 장기 요양과 돌봄 서비스와 같이 취약 계층에 대한 사회안전망 구축에 많은 정책의 초점이 설정되어 있는 보건복지부의 시각에서는 사회서비스를 특히 취약 계층을 위한 사회복지 서비스로 좁게 해석하는 경향이 있다.

따라서 보건복지부 내부의 의사 결정 과정에서는 문화 체험과 같이 일반 국민 모두가 이용할 수 있는 사회서비스 영역에 대해서는 중요하게 인식하지 않거나 정책의 우선 순위가 낮게 설정될 수 있다. 또한 그렇지 않은 경우에도 서비스의 이용 순서에서도 취약 계층이 우선적으로 혜택을 받아야 한다는 전통적 복지 특성이 강하게 내재된다. 이러한 접근에서는, 서비스가 우선적으로 필요한 계층이 먼저

---

3) 즉 해수욕장이나 시내 도로와 같이 가격을 지불하지 않아도 소비에서 배제되지 않고 다른 사람의 소비 규모가 본인의 소비 수준에 영향을 미치지 않는다. 따라서 순수 공공재에서는 서비스를 이용하는 수혜자의 양이 늘어도 국가가 감당하여야 하는 서비스 공급 비용이 증대되지 않는다. 예를 들어 가로등과 같은 순수 공공재는 일단 설치되면 관할 영향 범위 내에서 10명과 100명이 서비스를 받는 비용은 동일하다.

혜택을 받는 것은 사회적 정의 차원에서 충분히 인정될 수 있지만 서비스의 규모와 수준이 높아지면 사회적 배제와 분리라는 낙인 효과가 발생하는 문제가 있다.

반면 문화 및 교육 서비스를 담당하는 다른 사회 부처에서는 국민들이 생활에서 필요를 느끼는 사회서비스들을 망라적으로 인정하고 다양한 형태의 생활 서비스들을 설계하는 데 특별한 제한을 두지 않는다. 또한 한정된 예산 범위 내에서 서비스 이용자를 선정하는 방식은 선착순 조건을 많이 활용한다. 보건복지부 이외 다른 부처에서는 사회서비스라는 용어를 사용하기보다는 공공서비스 혹은 주민 생활 지원 등과 같은 중립적인 용어를 이용하는 경향이 있다. 여기에서는 서비스 욕구의 강도가 반영되지 못하는 한계는 있지만 계층적으로 서비스 이용에서 사회적 배제와 분리 문제는 발생하지 않는다.

2. 사회서비스의 정치경제적 특성

전통적인 사회복지 서비스와는 달리 가족과 공동체를 위한 보편적 사회서비스에 대해서는 경제적인 부가가치 창출을 위한 특성들이 강조되고 있다. 세계화와 국제 경쟁 체제로의 전환기에는 국가가 수행하여야 하는 경제적 역할이 기업에 대한 직접적인 지원에서 벗어나 사회 영역에서의 간접 지원으로 전환되어야 한다.

정부 규제 완화를 통하여 자유로운 시장경제를 활성화하고 이에 수반되는 불안정한 개인의 삶의 기반을 안정적으로 유지할 수 있게 지원하는 국가의 사회적 역할들은 사회서비스 공급 확충 정책으로 연결된다. 이와 관련된 이론적 토대는 비교적 오래 전부터 정립되어 있다. 경제 성장을 위한 사회적 기반 투자의 관점을 강조하는 대표적인 이론들로는 사회적 임금, 사회적 자본, 그리고 사회투자론 등 세 가지를 소개할 수 있다.

1980년대부터 서구에서는 '사회적 임금(social wage)' 논의를 통하여, 불안정한 경제구조 속에서도 시민들의 안정적인 일상 생활이 가능하기 위해서는 국가의 사회적 임금 정책이 중요하다는 것을 강조한다. 노동시장을 유연하게 유지하기 위해서는 비록 직장의 일자리는 경제 여건에 따라 안정성이 낮아도 사회적 보험의 맥락에서 자녀 양육과 부모 부양 그리고 가족의 질병 관리와 같은 생활 서비스가 안정적으로 공급되어야 한다. 이와 같은 논의들은 제3 이태리와 같이 중소도시의 지역사회 경제 연구에서 주목받았던 '사회적 자본'과 맥락을 같이한다.

좀더 구체적으로, 사회적 임금란 노인 돌봄이나 아동 인지 능력 향상과 같이 정부의 공공 지출을 통하여 시민들의 일상 생활 비용이 절감되며 사회적 생산성도 증대시킬 수 있는 사회서비스를 지칭하는 것으로 소득 보조의 효과를 창출한다(Sefton, 2002). 특히 후자에 초점을 맞추어 공공서비스가 공급될 때 의미가 더욱 명확해진다.

예를 들어 노인돌보미 서비스를 정부가 제공하면 시민들은 개인적으로 관련 지출을 부담할 필요가 없어 결과적으로 실질 임금이 증대되는 효과를 가진다. 또한 개인적으로 책임지던 생활 영역을 국가가 담당하면서 개인의 경제 활동에서 생산성이 더욱 증대되는 효과도 창출된다. 이러한 상황에 대하여 국민들은 기업의 고용주가 아닌 국가로부터 사회적 '임금'을 지원받는다고 표현할 수 있다.

사회적 자본(social capital)에는 여러 가지 개념 정의가 있으나, 일반적으로 공유된 상호 이익을 위하여 협력과 조정을 용이하게 하는 네트워크, 규범, 신뢰와 같은 다차원적 성격을 가진 사회적 가치를

[그림 2-1] 사회적 기반에 대한 다양한 접근과 논의들(예시)

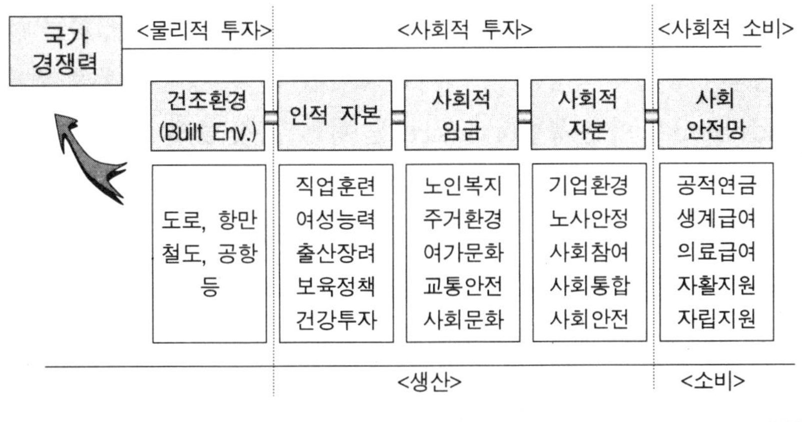

의미한다. 일반 국민 누구나 이용할 수 있는 보편적인 사회서비스가 확충되면 국가와 공동체에 대한 신뢰가 높아지고 이것은 곧 생산 현장에서의 안정성으로 이어져 사회 전체적으로 경제적 생산성이 높아질 수 있다.

한편, 1990년대 이후부터 최근까지 유럽을 중심으로 활발히 논의되고 있는 사회투자론(social investment)에서는 사회서비스의 의미를 좀더 강하게 부각하고 있다. 여기에 따르면, 전통적인 복지국가 정책은 소득 보장과 질병 치료를 중심으로 하는 '구사회적 위험(old social risks)'에 대응하는 것이다. 하지만 지식 기반 경제로 대표되는 최근의 경제사회 구조 변화로 인한 '신사회적 위험(new social risks)'이 급속히 창출되고 있어 전통적인 사회복지 정책 이상의 새로운 사회정책이 요구된다는 것이다(Taylor-Gooby, 2004; Esping-Andersen, 2002). 이와 관련된 일련의 사회정책들을 묶어 사회 투자 정책이라고 한다.

사회 투자 정책은 과거에 없던 완전히 새로운 유형의 정책은 아닐 수도 있다. 다만 정책 운용의 초점과 재정 운용의 접근에서 많은 차별성이 확인된다. 사회 투자를 강조하는 선행 연구에서 주장하는 사회정책의 공통적 특성은 세 가지로 요약된다. 즉, 첫째 사회적 배제(exclusion)가 아닌 통합(inclusion)을 위한 정책, 둘째 삶의 기회 균등을 위한 정책, 그리고 셋째 사후 대응이 아닌 사전 예방을 위한 정책 등이다(Perkins, et. al., 2004; OECD, 2005 등).

사회 투자란 인적 자본과 사회적 자본에 대한 투자를 통하여 사회적 배제를 감소시키고 사회 참여와 통합을 증진시킴으로써 국가경제의 성장과 사회적 발전 및 활성화를 추구하는 행위를 의미한다. 이러한 사회 투자 행위는 많은 부분이 사회서비스의 확충으로 이어지기 때문에, 사회 투자 정책을 사회서비스 활성화 정책과 동일한 의미로 이해할 수 있다.

사회투자론이 국내에 본격적으로 소개된 것은 불과 최근이며, 이러한 관점이 우리나라의 사회복지에 적합한 것인지에 대한 비판적 논쟁들이 부분적으로 진행되었지만 학계에서의 논의는 활성화되지 못하였다. 사회안전망과 복지 인프라에 초점을 맞추는 사회복지(social welfare)보다는 복지의 생산성을 강조하는 근로 연계 복지(workfare)를 강화하고 복지를 축소하기 위한 이론에 불과하다는 비판도 있었다.

하지만 사회서비스 전자바우처 정책과 관련해서는 복지국가에 대한 추상적인 논의보다는 좀더 현실 구체적인 시사점들을 도출할 수 있는 이론으로 주목받았다. 즉, 새로운 사회적 위기 국면에서는 취약계층 일부에 한정되는 잔여적 복지에 그치지 않고 서민 중산층 모두를 포괄하는 보편적 사회서비스 정책이 추진되어야 하는 이유가 설명되었다. 또한 새로운 사회적 위기의 대응은 취약 계층의 개별 부문으로 접근하기보다는 '가족'과 '공동체'를 위한 종합 정책으로 전개되어야 하며, 이를 위하여 부문 간 균형 있는 서비스 정책이 필요하다는 시사점들도 도출될 수 있다.

사회 투자에서 '투자'의 의미는 취약 계층에 대하여 생산적 활동을 강요하기 위한 담론이 아니다. 물론 일자리 창출과 지속적인 경제 활동이 새로운 복지 패러다임에서 중요한 것은 사실이지만 어디까지나 잠재력이 있는 인적 자산의 생산성 유지 및 제고라는 넓은 관점을 강조한 것이다.

복지 재정 지출에서 '투자'란 전통적인 사회복지 지출의 특징인 '예외적', '소극적', 그리고 '수요관리'를 위한 적정 수준의 사회서비스 제공에 그쳐서는 곤란하다는 점을 지적한다. 대신, 사회적 기반 확충의 구체적 성과가 창출될 수 있도록 충분하고 적극적인 그리고 '제대로 된' 투자를 강조한다.

사회서비스 정책은 사회 구성원의 총체적 복지 증진에 직접적으로 기여하기 위하여 일정 정도 공공 부문이 개입하여 제공하는 모든 서비스 부문에 대한 정책을 말하며, 이러한 서비스 부문에는 보건, 의료, 복지, 교육, 문화, 일반 행정 영역 모두가 포괄된다. 특히 사회서비스 정책은 현금 지원이 아닌 '서비스' 지원 형태의 정책을 강조하는데, 이것은 사회서비스의 제공이 사회서비스에 대한 사회적 수요에 부응할 뿐 아니라 시장 일자리 창출이라는 측면까지도 정책의 목표로 설정하기 때문이다.[4)]

4) 일자리 확충을 위하여 사회서비스를 확대한다는 비판이 적지 않다. 하지만 사회서비스가 시장 일자리 창출과 반드시 엮어져야 한다는 논리적 연계는 없으며, 주요 국가들의 사례에서 결과적으로 나타난 현상들이 동시에 확인되었을 뿐이다. 사회 투자 정책에서는 일자리 정책이 명시적으로 강조되지 않는다. 다만, 양질의 사회서비스가 제공되는 과정에서 자연스럽게 관련 시장 일자리들이

〈표 2-1〉 전통적 복지정책과 사회 투자 정책

구분	전통적 복지정책	사회 투자 정책
문제 인식	전통적 사회 위기 (빈곤과 질병)	새로운 사회 위기 (양극화, 근로 빈곤, 저출산·고령화)
주요 정책	소득 보장, 의료 보호	인적 자산 및 사회 기반 투자
주요 대상	빈곤선과 기초생보 수급자 (3%, 150만 명)	일반 서민 전체 (평균 소득 이하 60%)
재정의 우선순위	경제 개발(물리적 기반 투자)	사회 개발(사회적 기반 투자)
거버넌스	집권, 표준, 중앙정부, 공급자 중심	분권, 다양, 시장, 지방정부, 소비자 중심, 납세자 책임
기본 특성	잔여적 복지(시혜와 권리)	보편적 사회서비스(욕구와 보완)
	배제, 분리, 수요관리	통합, 계층 유동성, 최적 투자

한편, 사회적 기반에 대한 투자를 위해서는 전통적인 복지 재정 지출 방식과는 다른 접근이 필요하다. 국민연금과 건강보험, 그리고 각종 복지 서비스에 대한 기존 접근은 소극적이고 부정적 전망을 전제로 설정하고 있다. 고령사회에 대비한 국민연금의 불가피한 축소 공급, 출산 장려를 위한 궁여지책의 출산장려금, 사회 양극화의 부정적 파생 효과에 대한 임시적 대응 등과 같은 시각이 지배적이다.

특히, 고령사회의 진전과 더불어 사회복지 정책에서는, 미래의 부정적인 상황이 필연적이라는 회의적인 시각에서 재정 위기가 다가오

창출될 수 있으며 현실적으로 두 부문이 상호 연계될 가능성은 매우 높다. 이는 보건의료 분야의 사례와 유사하다. 의료 분야 일자리를 늘리기 위하여 정부가 건강보험 서비스를 강화한 것은 분명 아니다. 하지만 정부가 국민들의 건강복지 서비스를 강화하면서 자연스럽게 의료산업이 육성되고 해당 분야에서 시장 일자리가 증대된 것이다.

는 속도를 일시적 혹은 점진적으로 늦추어야 한다는 수동적인 접근이 주류를 이루고 있다. 취약 계층에 대한 사회복지 서비스의 경우도 마찬가지이다. 지식정보 사회의 진전과 함께 후기 산업사회에서는 사회 양극화가 불가피하다는 회의적 시각에서 복지 서비스는 주류 사회경제적 체제에 누락된 취약 계층에 대한 일시적이고 단편적인 사회안전망 제공 수준에 그칠 수밖에 없다는 소극적 접근이 많다.

이러한 인식과 접근은 미래 사회를 준비하는 데 의미 있는 도움이 되지 못한다. 현실적으로 소극적인 시각에서 가능한 사회정책 대안은 연금 수혜율 축소, 정년 연장, 선별적 복지, 사회적 격리와 배제의 용인 등과 같은 부정적(negative) 정책이 중심이 되기 때문이다. 이는 사회에 대한 정부의 책임 있는 접근이 되지 않는다.

따라서, 중장기적인 시각에서 사회적 기반과 인구 구조 변화를 전망하고 새로운 체제에서 국가가 책임을 이행하고 국민들에게 의미 있는 비전을 줄 수 있는 적극적인 접근(positive approach)이 필요하다. 이를 위하여 복지정책에서 사회적 소비가 아닌 사회적 투자의 접근을 통하여 기존과는 차별화된 새로운 재정 투자 시각과 관리 방식의 정립이 요구된다.[5)]

그동안 정부 지출에서는 새로운 성장 동력을 위하여 공간적 혹은 물리적 기반 투자가 중요한 것으로 전제되었으며, 경제자유구역이나

---

5) 사회적 투자와 사회적 소비에 대한 논의들은 오코너(O'Connor, 1973)에서 시작된 바 있다. 이 책에서는 국가의 재정 투자가 생산 능력을 증대시키는 효과를 가지면 '사회적 투자'라 하고, 단지 총수요만 증대시키는 경우에 국한되면 '사회적 소비'라고 전제하였다. 오코너의 개념에서 전자는 국가 재정 기능에서 축적 기능이 되고 후자는 정당화 기능이 된다. 브륀(Bruyn, 1987)에서는 사회적 투자란 경제적 수익을 확보할 목적으로 사회적 맥락에서 조직에 대해 자본을 배분하는 것이라고 정의한 바 있다.

도로, 항만, 공항 등과 같은 물리적 하부구조 부문에 집중적인 재정 자원을 배분하였다. 하지만 물리적 하부구조(physical infrastructure)의 운영을 뒷받침하는 사회적 하부구조(social infrastructure) 부문에 대한 투자적 지출을 소홀히 하였다.

사회서비스가 자원의 최적 배분을 위한 자원 배분 기능에 속하는지 사회 정의 실천을 위한 소득 분배 기능에 속하는지의 판단은 특정 시점의 사회경제적 구조와 수준에 대한 관점에 따라 달리 해석될 수 있다. 하지만 분명한 것은 탈제조업화되는 경제에서 성장 동력으로서 사업자 서비스업 부문이 부각되는 시점에서는 취약 계층에 대한 사회복지 이상의 보편적인 사회서비스 기반도 동시에 갖추어져야 한다는 점이다.

이러한 의미에서 성장과 분배가 동시에 병행되는 효과를 창출하기 위해서는 수요관리를 위한 '적정' 수준에서의 예외적 지출이 아닌 제대로 된 보편적인 서비스의 최적 수준에서의 공급이 필요하다. 이와 같은 인식에서는 국가가 적극적인 재정 지출을 통하여 구축해야 하는 사회간접자본(Social Overhead Capital: SOC)의 영역이 재구성된다. [그림 2-2]에서와 같이 전통적인 소비 영역에 속하는 사회정책 부문을 사회적 기반 영역과 사회적 소비 영역으로 구분하고, 전자와 후자의 재정 접근을 달리 설정하여야 한다. 전자에 대해서는 물리적 기반 투자와 동일한 맥락에서 재정 투자 정책이 운용되어야 한다.

사회적 기반에 대한 투자적 가치를 인정할 경우 국가경쟁력을 위한 재원 배분에서 사회 기반에 대한 대응을 어떠한 시각에서 인지하는가에 따라 재원 배분의 방식과 투자 방향이 달라진다. 예를 들어 고령사회 대응을 위한 핵심 정책인 노인복지와 보육정책을 취약 계층에 대한 복지 서비스의 일환으로 인식하면 이는 사회적 소비에 해

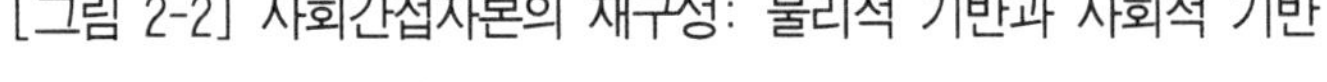
[그림 2-2] 사회간접자본의 재구성: 물리적 기반과 사회적 기반

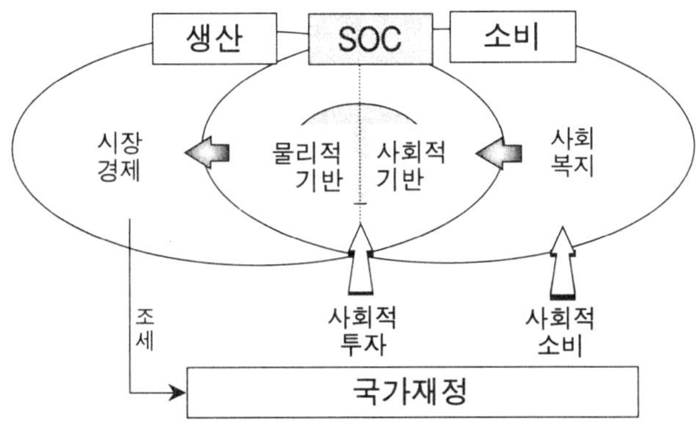

당한다. 전통적으로 복지 서비스는 물리적인 SOC 투자 활성화를 통하여 경제 규모가 커지면서 성장의 이득을 나누어 가지는 방식으로 인식되었다.

이 경우 사회적 무차별 곡선에서 사회적 소비는 '비재화(非財貨)'이고 물리적 투자는 '재화'의 성격을 가진다. 따라서 동일한 국민경제적 수준을 유지하기 위하여 사회적 소비를 증대하기 위해서는 반드시 SOC 투자도 확대되어야 한다.

하지만, 고령사회에서 노인복지와 보육정책이 인적 자산의 가치를 증진시키는 사회적 투자로서 사회적 경쟁력 유지 및 향상에 핵심적인 요소로 인식될 경우 이 두 정책은 보완재로서 기능하게 된다. 즉 인구 및 사회구조에 대한 사회적 투자와 도로, 공단, 주택 등과 같은 물리적 투자는 동등한 비중으로 중요성을 가지게 된다. 한 부문에서 적정 수준을 유지하지 못할 경우 다른 한 부문에서는 아무리 투자하여도 국민경제에서 생산가능성 곡선을 상승시키지 못한다.

[그림 2-3] 경제적 보완재로서 사회적 투자와 물리적 투자

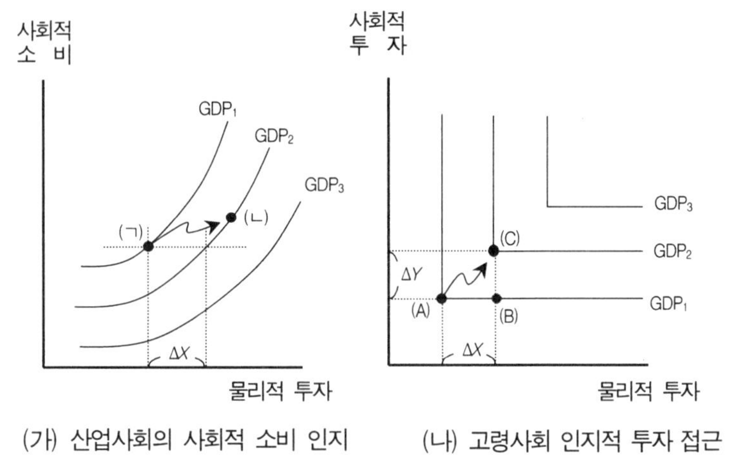

(가) 산업사회의 사회적 소비 인지 (나) 고령사회 인지적 투자 접근

예를 들어, [그림 2-3]의 "(가) 산업사회의 사회적 소비 인지"에서 초기 (ㄱ) 상태에서 복지 지출 수준을 유지하면서 GDP를 증대시키려면 최소한 ΔX 만큼의 물리적 투자가 필요하다. (ㄴ)과 같이 (ㄱ) 수준보다 복지 지출도 더 늘리기 위해서는 ΔX 이상의 물리적 투자가 있어야 한다.

하지만 가정을 달리하여, 사회복지 지출이 투자로 전환되어 사회적 투자와 물리적 투자가 상호 보완재로 작용한다면 "(나) 고령사회 인지적 투자 접근"과 같이 (A) 상태에서 GDP를 증대시키기 위해서는 ΔX만큼의 물리적 투자만으로는 충분하지 않다. ΔY의 사회적 투자가 병행되어야 GDP가 높은 (C)로 이동이 가능하다.

요약하면, 사회서비스가 사회적 기반 확충을 위한 투자적 지출로 기능하기 위해서는 전통적인 사회복지 정책에서의 개인 공공서비스와는 다른 차원에서 접근되어야 한다. 즉 사회서비스를 통한 인적 자

산에 대한 투자는 물리적 SOC 투자와 동시에 중요성이 인정되는 사회적 기반 투자로 전제되어야 하며, 물리적 투자와 사회적 투자는 보완재로서 최적의 조합이 이루어져야 사회적 생산 역량이 강화될 수 있다는 기본 전제에 대한 인식과 합의가 필요하다.

3. 사회 투자를 위한 새로운 재정관리 접근

1) 균형 있는 예산자원 배분

사회 투자 정책의 재정관리 접근을 모색할 때 가장 중요한 것으로 재원 배분의 '균형' 관점이 강조되어야 한다. 여기에는 두 가지 유형의 균형이 필요하다. 하나는 국가 재원 배분의 거시적 균형이고 다른 하나는 사회 지출 부문 내의 균형이다.

(1) 경제개발과 사회개발의 균형

사회 투자의 필요성과 중요성에 대한 사회적 합의가 형성된다면, 국가 재원 배분에서 예산자원의 배분 비중을 재설정하여야 한다. 이는 국가의 재정 기능에 대한 균형 조정을 의미한다. 우리나라는 성장중심의 예산자원 배분이 지속되었기 때문에 중앙정부 일반회계 재정에서 경제개발비의 비중이 항상 높았다.

하지만 국가가 경제정책에 최선을 다한다는 것과 예산자원 배분의 비중 구조를 설계하는 것은 차원이 다르다. 경제정책은 시장기구가 원활할 수 있도록 규제정책을 통하여 접근하고, 재정정책은 시장실패가 현저한 사회적 기반 부문에 집중되어야 한다. 자본주의가 성숙한 단계에서 경제 부문에 대한 정부 투자는 약간의 지렛대 역할만 있어도 스스로 시장을 창출할 수 있다. 하지만 전형적인 시장실패 영역인 사회 투자 분야에서는 좀더 깊은 수준에서 정부의 재정 개입이 필요하다.

류덕현(2005)의 계량분석 결과를 보면, 성장률을 극대화시키는 사회간접자본 스톡의 적정 규모는 민간자본 대비 63%로 추계되었다. 그런데 우리나라는 모든 지역에서 적정 비율인 63%를 넘었다는 점을 고려하면 최근까지 물리적 공공시설 투자는 과다하게 지출되었다는 해석이 가능하다.

1990년대 이후부터 중앙정부 일반회계 지출에서 사회개발비가 지속적으로 증대되었지만 사회 투자를 위해 필요한 수준까지는 예산자원 배분 구조를 변화시키지 못하고 있다. 예산자원 배분 관점에서, 90년대 중반에 방위비와 경제개발비의 우선 순위가 전환되는 1차 구조 변화가 발생하였다. 2000년대 들어오면서 사회개발비가 일반행정비 수준을 넘어서는 2차 예산구조 변화가 있었지만 상위 수준에서 구조 변화가 창출된 것은 아니었다.

2000년대 중반에는 경제개발비의 규모와 비중이 축소되는 3차 예산구조 변화가 발생하였는데 이는 사회개발비의 비중 구조 변화가

〈표 2-2〉 주요 국가의 중앙정부 재정 기능별 비교

국가(연도)	사회개발비	경제개발비
한 국(2006)	13.4%	19.5%
미 국(2001)	53.2%	6.6%
영 국(1998)	54.0%	4.2%
프랑스(2001)	61.8%	9.8%
일 본(2002)	24.2%	18.0%

자료: 기획예산처(2006), 「예산개요 참고자료」; (日)自治省(2004), 「地方財政白書」; IMF(2004), *Government Finance Statistics Yearbook*.

아닌 교육비 지출 확대에 따른 것이다. 사회 투자의 재정정책에서는 무엇보다 경제개발과 사회개발 그리고 정규 학교 교육과 사회교육 등의 분야를 중심으로 국가의 예산자원 배분에서 적정 균형에 대한 체계적 재검토가 필요하다.

(2) 사회 투자 부문 간 균형

거시적 우선 순위에 대한 균형 조정 과제와 병행하여 사회 투자 부문 간 균형 있는 자원 배분도 중요한 재정 과제이다. 경제 부문에서 투자와는 달리 사회 투자 부문에서는 하위 부문별 '균형'적인 서비스 공급과 재원 배분이 필요하다. 전통적으로 경제 분야에서는 경쟁력 기준에서 성장 동력(산업)에 대한 '선택과 집중'이 요구되는 비교우위이론이 설득력을 가진다. 하지만 사회 투자 부문은 이와 다르다. 사회 투자의 초점은 가족과 공동체(지역사회) 기반 확충으로 설정될 수 있는데, 여기에서는 관련 하위 정책 부문에서의 균형 있는 개발

[그림 2-4] 사회 투자 정책 부문의 복합적 구조

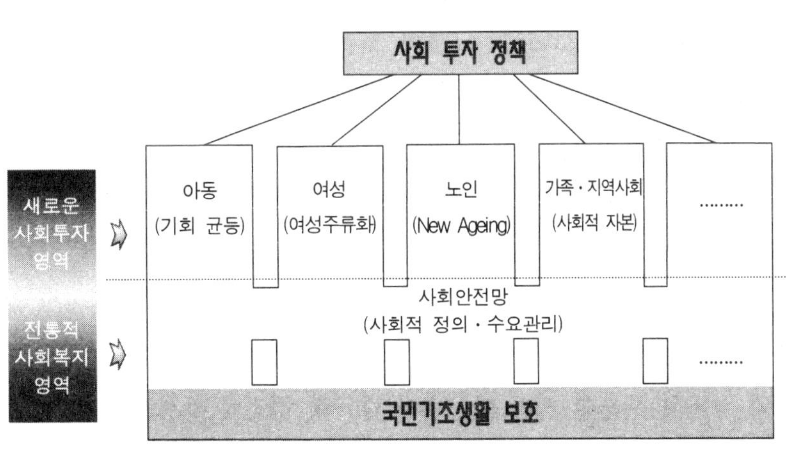

이 필요하다.

사회 투자 지출의 '균형'에서는 다시 두 가지 측면에 유의하여야 한다. 우선 빈곤에 대한 전통적인 사회복지 정책 부문과 삶의 기회 균등·참여·예방 투자를 중심으로 하는 사회정책 간의 균형 있는 재원 배분 조정이 필요하다. 기초생활보장은 사회 투자의 핵심 전제 조건이지만 지출의 성격상 사회적 소비 특성이 강하다. 이 부분에 대해서는 수급자가 원하는 만큼의 충분한 재원 배분이 이루어지지가 쉽지 않다. 사회적 정의의 가치 전제 속에서 사회와 납세자가 합의하는 적정 수준에서 공공자원이 배분된다.

반면, 사회 투자 영역들은 전략적인 관점에서 최적 투자 지출이 필요하다. 배정된 재원에 대한 납세자 책임은 전략목표와 성과평가를 통하여 정당화될 수 있다. 따라서 투자 지출의 명분에서 상대적인 우월성이 있어 예산 확보에서는 유리할 수 있지만 성과에 대하여 재정적인 책임을 져야 하기 때문에 사업 수행이 쉽지 않은 영역이다.

따라서, 정치와 사회운동 그리고 적정한 수준에서의 수요관리로 접근되는 기초적인 사회 기반 부문과 정책과 성과관리 그리고 전략적인 성과목표와 성과책임 구조가 적용되어야 하는 사회 투자 부문 간 재원 배분의 균형이 필요하다.

다른 한편으로, 사회 투자 부문에서의 균형적인 자원 배분에서는 사회 투자의 하위 부문들 간의 균형 있는 재원 배분 관점도 중요하다. 전통적인 사회복지 재정의 관행에서는 균형의 관점보다는 사회적 쟁점에 따른 정치적 힘과 사회운동의 방향에 따라 재정자원의 배분 규모와 속도 그리고 방향이 결정되는 경향이 있다. 이에 따라 정책의 성과와 부문별 기반 형성에서 불균형 쟁점이 발생하게 된다. 예를 들어 최근의 저출산 고령화 쟁점이 부각되면서 노인복지와 보육

[그림 2-5] 사회 투자 정책에서의 인적 자산관리 투자 영역

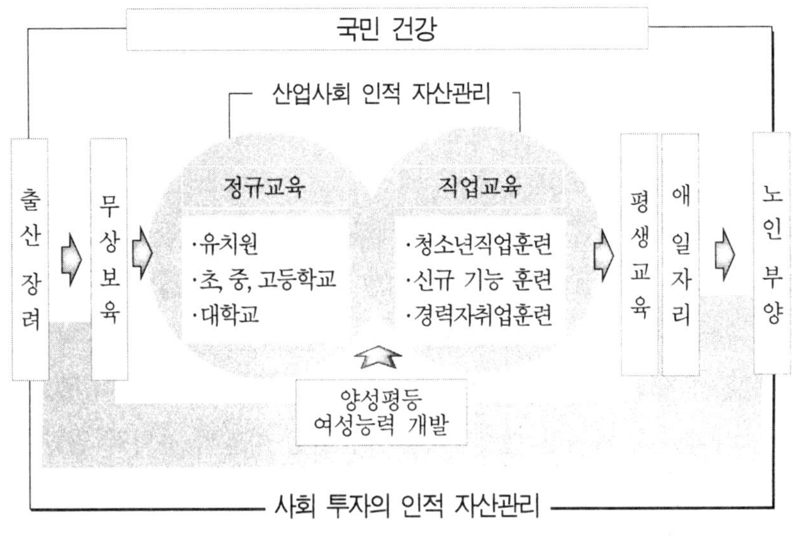

부문에 집중적인 재원이 배정되지만 여성, 가족, 아동, 장애인에 대한 자원 배분은 상대적으로 불리하게 될 수 있다.

사회 투자 정책에서 인적 자산 부문은 [그림 2-5]와 같이 전통적인 정규교육 부문뿐 아니라 출생에서 사망에 이르는 생애 전 단계에서 필요한 사회적 기반을 확충하는 것이다. 따라서 생애 단계별로 그리고 사회계층별로 균형 있는 투자 자원 배분 관점이 중요하다. 우리나라의 중앙정부 예산 운영에서는, 각종 사회서비스의 부문별 재정 지출 규모 자체가 작은 가운데 특정 부문의 신규 사업들이 분절적으로 개발·확대되고 있어 안정적인 재정 지출 구조를 형성하지 못하고 있다.

2) 전략적인 성과관리

예산 재원 확보가 사회 투자의 궁극 목표는 아니다. 새로운 사회 위기에 따른 새로운 투자 확대는 기존의 사회복지 부문에 배분된 재원 총량 규모 내에서 조정되는 것이 아니다. 새로운 투자 지출에서는 새로운 추가적인 재원 배분이 불가피하다. 하지만 지출과 재정관리의 접근 방식은 달라진다.

전략 투자에 대한 전략적 재원 배분에서는 체계적인 성과관리 관점이 구축되어야 한다. 이를 위해서는 다시 두 가지 실천 수단이 모색되어야 한다. 하나는 전략목표의 수준 설정이다. 예를 들어 저소득층 아동의 방과 후 학습 프로그램 지원이 사회 투자를 위하여 중요한 것은 사실이다. 하지만 전략목표를 저소득층 아동의 사회적 일탈 예방으로 설정할 것인지 아니면 중산층 아동 수준에 이를 정도의 학력 발달로 할 것인지에 따라 국가가 부담하여야 할 재원 수준의 규모가 달라진다. 적당한 것이 아니라 '제대로 된' 지출이 필요하다고 하지만 '제대로'의 수준에 대한 사회적 합의 형성이 쉽지 않다. 생색내기의 적당한 수준에서 의사결정이 되면 결국 투자 재원의 비효율적 지출은 불가피할 수 있다.

다른 하나는 성과관리의 초점을 설계하는 것이다. 성과관리에서 투입이 아닌 결과지향성이 중요하다는 것은 이미 지난 십수 년간의 정부혁신에서 합의되었으며 또한 실천을 위하여 많이 노력하고 있다. 우리나라의 국가재정법에서도 제1조에 성과 지향성이 선언되어 있다.

하지만 좀더 중요하게, 사회 투자에서는 프로그램 구조 관점에서의 균형된 성과관리 접근이 필요하다. 특정 사업 중심으로 성과를 관리하면 균형 있는 사회 기반 형성에 한계가 있다. 즉 사업별로는 문제가 없지만 해당 사업이 궁극적으로 지향하여야 하는 상위목표 달성과는 거리가 있을 수 있기 때문이다. 신기하고 대표적인 뭔가 괜찮은 인기 사업 중심으로 집중적인 투자를 하면 정치적 혹은 상징적 의미는 충분히 인정될 수 있으나 프로그램 전체의 관점에서는 한계가 있다. 이는 경제 부문 투자 정책과 구분되는 사회 투자 정책의 또 다른 특징 중 하나이다.

경제 투자에서는 미래 성장동력 산업 혹은 정책 부문 하나만 집중적으로 운영되어도 국가의 경쟁력을 획기적으로 확보할 수 있는 영역이 많다. 또한 항만이나 고속철도와 같은 전략적인 단위사업의 차질없는 완공만으로도 기대되었던 경제 활성화 효과들이 확보될 수 있다. 정부가 약간의 지렛대 역할만 해도 이윤을 창출할 수 있는 영역에서 시장기구가 스스로 작동되기 때문이다. 하지만 사회정책은 다르다. 하나의 정책 부문에서 의미 있는 결과를 창출하기 위해서는 얽혀 있는 많은 하위 부문들이 균형 있게 묶음으로 관리되어야 한다. 그리고 시장실패의 전형적인 부분이 많은 만큼 약간의 지렛대가 아닌 좀더 적극적인 종합 관리가 필요하다.

예를 들어 <표 2-3>에서와 같이, 노인복지를 위하여 장기요양 시설이 중요하지만 궁극적으로 지향하는 '노인건강관리'를 해결하지는 못한다. 해당 사업의 주요 시책들이 전체적으로 균형을 이루어야 지향하는 성과관리가 가능하다. 또한 결과 지향적 성과관리에서는 (노인복지의 경우) 사회적 부양 비율, 국민소득 수준 유지율, 고령자 취업률, 노인 질병 감소율, 가족 및 공동체 부양 비율 등과 같은 '산출이나 결과'에 대한 성과관리와 투자계획이 필요하다. 하지만 우리나라의 국가재정 운용계획을 비롯한 주요 재정정책에서는 관련 시설 설치 개수와 수급자 대상자 수와 같은 매개적인 산출 수준의 성과지표 관리에 머물고 있다.

〈표 2-3〉 노인복지 부문에서 성과관리를 위한 프로그램 구조(안)

노인복지 정책 (부문)				
프로그램	단위사업	세부사업		
기초 복지	건강관리	장기요양(시설) 노인건강진단비 치매노인상담센터	시설안전관리 재활요양 노인성 질병 예방	생활체육지원 건강관리 상담 정신보건
	영양관리	재가노인 식사 배달	영양교육	경로식당 지원
	권리 보호	사할린 한인 지원 노인단체 지원 경로연금 노인보호 전문기관	노인의 날 등 행사 노인보호전문기관 노인복지상담원 옴부즈맨	법률구제 노인긴급전화 학대 방지
일상 생활	생활 지원	농어촌재가복지시설 노인복지시설 기능 심부름 교통 편의(이동) 주택 지원 가정 안전	지역사회시니어클럽 재가노인복지시설 노인종합복지관 운영 경로당 운영비 지원 노인생활시설 운영 지역봉사활동 참여	노인봉사활동 봉사료 노인문화예술제 노인교실 운영 노인 봉사대 활동 서울가정도우미 운영 노인교통수당
	노인 부양자 지원	네트워크 구축 정보 제공	교육훈련 지원 보호자휴식 지원	가족결연
경제 활동	노인 일자리 지원	공동작업장장비 보강 공동작업장 운용 지원	노인일자리 사업 고령자 직업훈련	연령제도 개편

한편, 결과 지향적인 전략적인 성과관리를 위해서는 사회 투자 부문의 재원 배분에서 '성과계약(performance contracting)' 요소를 도입하여 사회 투자 서비스의 시장경쟁력 강화를 유도할 수 있는 새로운 재정 수단도 검토할 필요가 있다. 예를 들어 보조금 배분에서 결과 지향적 성과(지표)를 기준으로 중앙·지방정부 간 재정 관계를 재설계할 수 있다.

또한 미국의 TANF 사례와 같이, 복지 서비스 전달을 담당하는 현장의 비영리 민간기관과 정부 사이에서도 성과계약을 통한 재정 인센티브 수단들을 적용할 수 있다. 나아가 사회 투자 프로그램에서 수급자의 적극적인 참여와 동기 부여를 유도하기 위하여 근로 의욕 및 능력을 향상시킬 수 있는 방향으로 각종 수당을 포함한 현금급여와 직업교육과 같은 현물급여의 균형 있는 조합들이 설계되어야 한다. 그리고 마지막으로 사회서비스 바우처 제도와 같이 공급자 중심 방식이 아닌 소비자의 선택을 통한 사회 투자 서비스의 최적 공급 방안들도 다양하게 활성화될 필요가 있다.

3) 정부간 복지재정 관계 재정립: 지방재정 지원 체계 개편

사회 투자 정책은 대부분 사람에 대한 투자이며, 사람은 지역에 기반하여 경제적·사회적으로 활동한다. 따라서 이들에 대한 사회적 기반 확충과 지원에서는 '사람'이 살고 있는 현장 중심의 정책이 매우 중요하다. 따라서 사회정책에서는 지방정부의 역할이 더욱 중요하다. 여기까지는 공통적으로 합의가 가능하다. 하지만 지방정부의 어떠한 역할인가에 대하여 좀더 구체적으로 내려가면 합의가 쉽지 않다.

사회 투자를 위한 국가재정 관리 체계와 재원 배분 구조가 개편된다면 정부간 사회재정 관계의 재정비 작업도 동시에 추진되면서 서로간의 적정 균형을 찾아야 한다. 지방정부는 원래 복지 지출을 싫어하는 비윤리적이고 비도덕적이고 비복지적이라는 비판이 현실적으로 정확한 것인지 다시 생각해 봐야 한다. 지방재정에서 사회개발비가 경제개발비를 훨씬 넘어서고 있는 최근의 상황에서 지방정부가 복지비 부담을 회피한다는 비판은 정부간 재정 관계의 현실에 대한 정확한 인식이 될 수 없다. 민선단체장 체제 이후 지방자치가 실시된 지도 10여년이 지나고 있지만 정부간 재정 관계에서는 새로운 환경 변화를 제대로 반영하지 못하고 있다.

중앙·지방정부 간 사회재정 관계를 살펴보면 사회 투자의 관점보다는 지방자치 이전 중앙정부의 일선행정기관에 대한 관점이 여전히 지배적이고 그 당시 적용되었던 제도들이 행정 편의적인 관행 속에서 지속되는 경향이 있다. 지방정부의 복지재정 부담이 많지 않았던 시절에는 다소의 이의 제기와 약간의 불만족 속에서 어느 정도까지는 용인되었다. 하지만 사회복지비가 급증하면서 제대로 된 정부간 사회(복지)재정 관계로 개편되어야 할 필요성이 높아지고 있다.

우선, 중앙정부가 전국 차원에서 동일하게 보장하여야 하는 사회적인 기준 재정 수요가 무엇인지 정리하고 이를 위하여 재원은 국가가 모두 보전한다는 원칙 정립이 필요하다. 좀더 구체적으로는 지방교부세의 기준 재정 수요가 지방재정의 세출 기능별 분류와 연계하여 운영될 필요가 있다. 지방재정의 세출 기능별 구조와 기준 재정 수요의 부문별 비중 간의 격차를 줄이기 위한 노력은 계속되고 있다. 다만, 적정 수준에 대한 체계적인 접근이 필요하다. 2000년 이후 기준 재정 수요의 측정 항목에서 노인, 아동, 장애인 등 사회복지 수요가 추가적으로 고려되고는 있지만 부분적인 대응에 그친다. 측정 항목의 상징적 우선 순위에서는 여전히 인건비와 일반관리비가 최상위에 자리매김되어 있다.

둘째, 사회 투자 보조금에서는 경제적 효율성 관점보다는 사회적 정의(social justice) 접근이 먼저 고려되어야 한다. 보조금에 대한 신청주의와 지방비 매칭의 획일적 적용 원칙 때문에 국가적인 표준 수준에서 공급되어야 하는 사회복지 서비스의 지역 간 불균등 쟁점이 발생하고 있다. 지자체의 재정 수준에 상관 없이 사회적 정의 차원에서 동등한 기초적 사회 기반 구축이 필요하지만 현재의 정부간 재정 구조에서 이를 실천하기는 쉽지 않다. 경제정책 논리인 선택과 집중, 그리고 신청주의 접근 대신 사회정책에서는 다양한 지방재정에 대한 소득분배 관점이 적용되는 사회적 정의 – 지리적 정의(territorial justice), 공간적 정의(spacial justice), 국가 최저 수준(national minimum) 기준이 필요하다. 재정력(담세력) 기준에 따른 보조금 배분이 아닌 지역사회의 잠재적 재정 수요(need)에 따른 재원 배분이 필요하다. 이를 위하여 재정력이 취약한 지자체에 대하여 차등 보조, 100% 보조, 현물 대체 부담 등 예외적인 지방비 부담 조치들을 다양하게 설계하여야 한다.

셋째, 20여 년 전에 만들어진 '보조금의 관리 및 예산에 관한 법률'에서 기준보조율이 지방자치 실시와 사회경제적 환경 변화가 많았던 지금도 적절한지 여부를 검토하여야 한다. 현행 기준보조율을 살펴보면, 농업 부문에서는 국고보조율이 100%인 사업이 다수가 있고 사회복지 부문에서는 재정력이 상대적으로 우수한 수도권에서 서울특별시만 불리하게 적용되는 50% 보조금 사업이 많다.

생계급여나 의료보호와 같이 지방정부의 재량 여지가 없는 법정 의무 지출 분야에 지방정부가 지방비를 부담하여야 할 논리적 근거가 명확하지 않다. 예를 들어 국민기초생활 보장 체제의 확립과 함께 저소득층에 대한 기초생활 보장은 온정적 시혜에서 국민의 권리로 전환되었다. 예산 단위 사업명에서 생활보호가 생계급여로 바뀌고 의료보호가 의료급여로, 그리고 경로수당이 기초노령연금으로 명칭과 내용이 개편되었다.

하지만 정부간 재정 관계 측면에서 의미 있는 구조적 변화는 없다. 시혜에서 권리로 개편되고 지방정부가 재량적으로 선택·조정할 여지가 없는 지출 분야에서는 재정 부담 주체인 중앙정부가 관련 예산의 100%를 부담할 필요가 있다. 대안으로, 최소한 지방교부세의 기준 재정 수요에서 의무적 법정 경비(수요)들은 좀더 직접적으로 전액 반영되어야 한다. 현실적인 국가 재정 여건상 전국 단위의 적용이 힘들다면 최소한 지방재정이 열악한 신활력 지역에는 지방비 부담을 면제해 주는 방안이라도 검토하여야 한다.

넷째, 정부간 재정 기능 분담에 대한 논의 역시 새롭게 접근될 필요가 있다. 전통적인 논의에서 단골로 설정되는 주제 중 하나는 중앙정부와 지방정부 간에 복지재정 기능을 어떻게 분담할 것인가 하는 것이다. 공공부조와 같은 기초적인 복지는 중앙정부가 담당하고 지방의 선택에 따라 다양한 사회서비스는 지방의 기능으로 이양한다는 주장들이 많다. 하지만 사회적 통합과 인적 자산의 역량 강화를 강조하는 사회 투자의 관점에서는 전통적인 이분법적인 기능 분담 접근은 오히려 바람직하지 않을 수 있다. 특히 저소득 취약 계층의 개인 역량 강화를 위해서는 공공부조와 사회서비스가 분리될 수가 없다. 중앙과 지방정부 모두가 사회 투자 기능을 공유하여야 하며 수직적인 행정 계통으로 관리·감독하는 것이 아니라 서로 역할을 보완할 수 있는 수평적인 기능 연계가 필요하다. 돈만 지원한 가운데 군림하고 통제하는 중앙정부가 아닌, 현장의 정책이 원활하게 집행될 수 있게 도와 주는 중앙정부의 '재정 관리 지원' 역할이 필요하다.

4. 사회서비스 전자바우처 정책의 전략 목표와 지향 가치

1) 맥락의 차이

사회적 기반 확충을 위하여 보편적 사회서비스가 중요하다는 사실은 이미 1990년대 초반부터 서구에서 지속적으로 강조되고 있으며, 초기 학술적 논의를 넘어 정책과 실천으로 활성화되고 있다. 특히 유럽사회 네트워크(European Social Network)에서는 사회서비스의 중요성과 정보 교류를 위하여 1993년부터 매년 유럽사회서비스회의(European Social Service Conference)를 개최하면서 정책들을 공유하고 있다(정경희 외, 2006).

사회서비스에 대한 국내에서의 학문적 인식은 늦은 편이며 정책 실천 역시 제한적인 수준에 그치고 있다. 다만 최근 부분적으로 필요성이 강조되는 연구가 발표된 바 있으며 학계에서의 관심도 점차 높아지고 있다(이현주 외, 2003; 이봉주·김문근, 2007; 김혜원 외, 2006). 그리고 보건복지부가 수행하는 사회 기반 확충을 위한 사회서비스 정책에 대해서는 비판적인 견해가 적지 않다.

사회 기반 투자와 사회서비스 정책 자체가 아직은 생소하며 학계의 체계적 논의가 충분하지 못한 상태이다. 정부가 단기간에 확충을 시도하는 사회서비스가 사회적 일자리 창출과 직접 연계되어 있는

[그림 2-6] 사회서비스 정책의 맥락: 서구와 유사점과 차이점

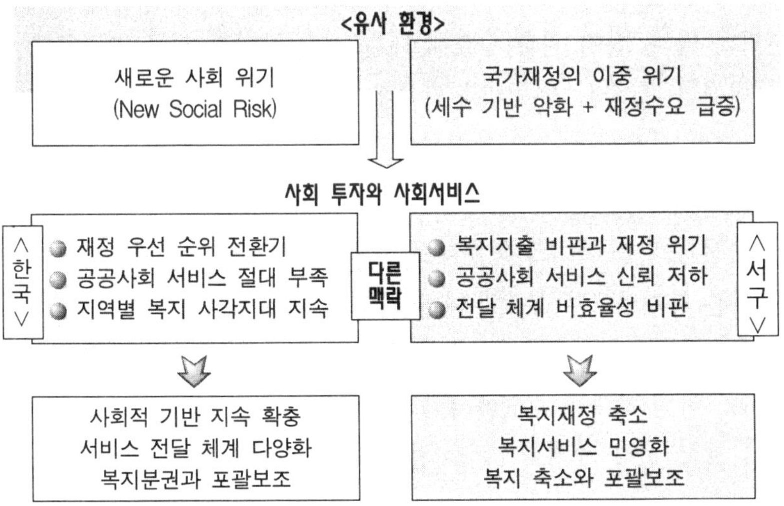

<유사 환경>

새로운 사회 위기
(New Social Risk)

국가재정의 이중 위기
(세수 기반 악화 + 재정수요 급증)

사회 투자와 사회서비스

<한국>
- 재정 우선 순위 전환기
- 공공사회 서비스 절대 부족
- 지역별 복지 사각지대 지속

다른 맥락

<서구>
- 복지지출 비판과 재정 위기
- 공공사회 서비스 신뢰 저하
- 전달 체계 비효율성 비판

사회적 기반 지속 확충
서비스 전달 체계 다양화
복지분권과 포괄보조

복지재정 축소
복지서비스 민영화
복지 축소와 포괄보조

정책의 배경에 대한 비판도 있다. 더욱이 서구의 최근 사회서비스 정책들이 복지 재정 축소를 지향하는 경향이 있다는 점을 지적하면서 사회서비스 정책 자체에 대한 학계의 불신도 있다.

복지 기반이 비교적 충실하게 갖추어져 있는 서구에서는 사회서비스에 대한 개혁들이 전통적인 사회복지 관점보다는 신공공관리주의에 기초한 정부혁신의 관점에서 추진되고 있다. 무엇보다 1970년대부터 지속되고 있는 복지재정 위기 속의 복지정책과 함께 1990년대 이후 세계화의 국가경쟁 상황에서 사회서비스 분야의 민영화와 지방분권을 통하여 결과적으로 복지재정의 지출 규모 혹은 비중이 축소되었다. 아니면 사회복지(welfare)에서 근로 연계 복지(workfare)로 전환과 같이 최소한 지출의 방향은 전환되었다. 이에 따라 새로운 방식을 적용하는 사회서비스 정책들은 국가의 복지 책임 회피를 위한 수단이라는 비판이 있다.

그런데, 표면적인 현상에서는 부분적으로 공통점이 있어도 서구와는 뚜렷이 구분되는 사회정책의 맥락 차이에 대한 논의들은 아직 충분하지 않다. 복지 지출 수요에 대한 재정 부담과 인구 고령화에 따른 미래의 잠재적 세수 기반 침체에 대한 사회 및 국가 재정 환경의 위기적인 상황은 서구와 동일하다. 하지만 정부 정책의 내용은 상당히 차별적이다. 최근 10여 년 동안 우리나라 국가 재정 지출의 규모상 우선 순위는 사회복지 분야로 전환되고 있으며, 사회서비스 정책은 기존 복지정책의 축소에 따른 대체가 아닌 새로운 위기에 대한 추가적인 재정 투자를 통하여 추진되고 있다. 또한 공급자 지원의 단일방식과 함께 시장과 수요자 중심의 새로운 전달 체계를 병행 모색하면서 복지 전달 체계의 다양성을 높이고 있다.

2) 보건복지부 사회서비스 전자바우처 정책의 1단계 기초

보건복지부가 2007년도부터 새롭게 운영하고 있는 사회서비스 전자바우처 프로그램은 전통적인 사회복지 전달 방식과는 여러 가지 측면에서 구분된다. 우선은 보편적 사회복지를 지향하면서 '사회서비스' 확충에 일차적인 초점을 두고 있다. 이는 새로운 사회적 위기에 대한 적극적인 대응을 일차적인 목적으로 설정하고 있다.

저출산 고령사회의 위기에 대한 대응으로 사회적 임금의 특성이 강한 노인 돌보미사업과 산모신생아 도우미사업이 개발되었으며, 장애인들의 사회 통합을 위한 장애인 활동 보조사업도 신규로 운영되고 있다. 또한 지역별로 다양한 사회서비스 욕구들에 대하여 지자체가 자율적으로 대응할 수 있도록 지역사회서비스 혁신사업도 운용하고 있다.

둘째, 사회서비스 재정 지출의 효율성을 확보하고 수요자가 적극

[그림 2-7] 사회서비스 전자바우처 사업의 전략 목표와 가치

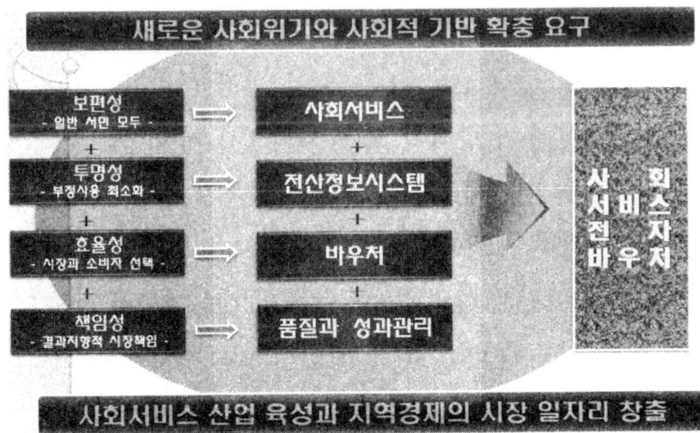

적으로 사회서비스를 소비할 수 있도록 시장과 소비자 중심의 바우처 수단을 도입하였다. 이는 공급기관 지원 방식이 아닌 소비자의 구매력을 보전하여 지역 내에서 사회서비스를 소비할 수 있도록 지원하는 것이다.

셋째, 바우처 수단에서 흔히 우려되는 이용자의 도덕적 해이 문제를 사전에 예방하여 사회서비스 재정의 투명성을 확보하기 위하여 바우처를 전산으로 관리하는 전자바우처 방식을 도입하였다. 종이를 대체하는 바우처의 전산관리는 주요 국가에서 이미 많이 활용하고 있다.

넷째, 시장과 소비자 중심의 전자바우처 제도를 통하여 다양한 사회서비스가 개발되고 다수의 사회서비스 제공 기관들의 참여 및 육성이 기대되고 있다. 사회서비스 제공에 따른 부차적인 기대 효과이지만 좋은 일자리 창출과 관련하여 지역경제에서 차지하는 의미는 상당하다.

이상과 같은 네 가지 특성을 공통적으로 충족할 수 있는 사회서비스 사업들이 일차적인 정책 대상으로 설계되었다. 많은 사회서비스와 다양한 형태의 바우처 방식 그리고 복지 서비스에서 전산관리 적용 영역 역시 다양하다. 독립적인 개별 부분의 특성을 동시에 적용할 수 있는 사업들을 중심으로 2007년도의 정책이 추진되었다. 따라서 사회서비스 전자바우처 방식이 모든 사회복지 서비스의 공급 방식을 대체하는 것이 아니며, 새로운 형태의 사회복지 전달 체계를 구축하려는 하나의 대안적 시도이다.

한편, 2007년도 1단계 사업에서는 정책의 대상에서도 기존 복지 서비스와는 구분되는 특징이 있다. 일반적으로 사회복지 서비스들은 소득이나 자산 수준을 기준으로 최하위 계층에 우선 공급되었다. 이에 따라 사회안전망 구축을 위한 기초 서비스들은 최근 10여 년 동안 지속적으로 확충되고 있다. 하지만 절대 빈곤층이 아닌 일반 서민들에 대한 복지 서비스는 여전히 예외 수준에 그쳐 사회적 기반에 투자 요구가 급증하고 있다.

이러한 현실을 감안하여 2007년도 제1단계 사회서비스 전자바우처 사업은 일정 수준의 본인 부담금을 통한 자기 책임의 부담을 전제로 서비스 욕구가 있는 일반 서민들 전체를 대상으로 설정하였다. 또한 서비스 수혜 대상을 판별하는 기준에서도 엄격한 자산 및 소득조사를 실시하기보다는 보편적 사회서비스 취지를 감안하여 가계소득만을 기준으로 하여 개인의 서비스 욕구(need)에 기초하여 기본적으로

[그림 2-8] 사회서비스 전자바우처 사업의 전략 대상

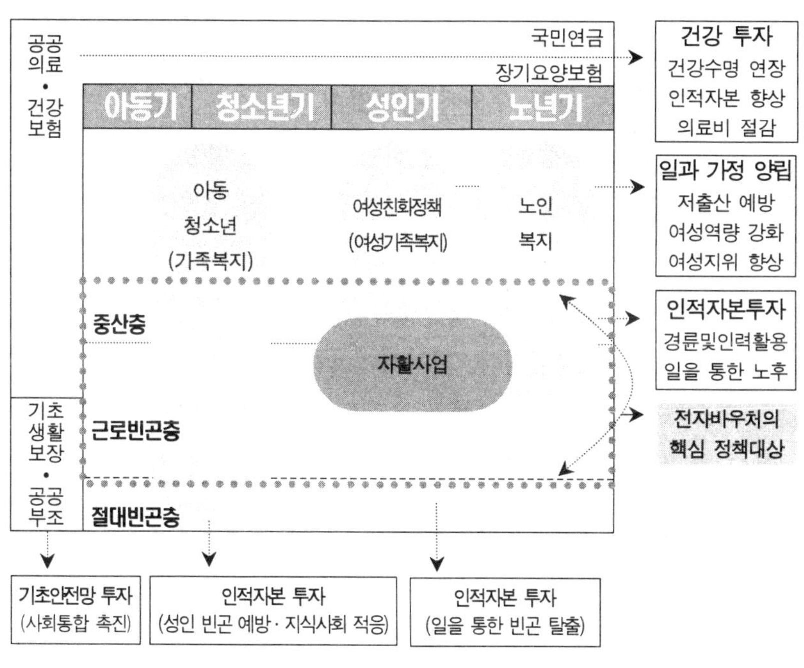

평균 이하 소득 계층은 모두 이용 자격을 부여받을 수 있도록 하였다.

5. 시장과 수요자 중심의 서비스 전달과 새로운 복지 거버넌스

보건복지부의 사회서비스 전자바우처 사업에서는 수요자와 시장 중심의 새로운 복지 거버넌스 구조를 모색하고 있다. 여기서는 전통적인 접근과는 구분되는 특징이 있다. 자세한 내용은 이 책의 다른 부분에서 정리되어 있지만, 대표적 특성만 우선 요약하면 다음의 다섯 가지가 있다.

첫째, 사회 기반 투자(잔여적 복지에서 보편적 복지로 전환): 기초생활 수급자 중심의 잔여적 복지에서 기본적으로 전국 가구 평균 소득 이하(전 국민의 60% 정도)로 서비스 대상자가 확대되었다. 노인 돌보미 서비스는 전국 평균 가계소득의 150%, 장애인 활동 보조와 아동 비만 관리는 소득 수준에 상관없이 서비스를 이용할 수 있다. 이는 사회적 기반 확충을 위하여 일반 서민들의 일상 생활을 지원하고 삶의 기회 균등화를 지원하는 보편적 서비스 체제로의 전환을 의미한다.

잔여적 복지 서비스에서 지자체의 역할은 빈곤층에 대한 서비스 적격자 관리 등에 국한된다. 지자체에서는 상대적으로 인구 비중이 낮은 저소득층에 대한 복지 재정 부담을 선호하지 않고 대신 일반 주민들이 보편적으로 이용할 수 있는 지역개발 사업에 대하여 우선적으로 재원을 배분하는 경향이 있다. 이에 따라 경제개발과 사회개발 부문 간 재원 배분의 불균등 문제가 지속되고 있다. 하지만 사회 투자의 보편적 서비스는 일반 서민들이 공통적으로 활용할 수 있기 때문에 지역 주민들의 수요에 바탕을 두고 지방 예산 과정에서 재원 배분의 우선 순위 구조를 전환할 수 있는 유인들을 제공할 수 있다. 또한 주민들의 일상 생활을 지원하는 사회서비스는 지역별로 다양하기 때문에 사업의 계획과 정책의 성과관리에서 지자체의 주도적 역할이 부각될 수 있다.

둘째, 자부담을 통한 시장 참여와 사회 통합(수급자에서 소비자로 전환): 사회서비스에서 일정 수준(서비스별로 다양하지만 대략 전체 비용의 10~20% 정도)의 자기 부담 규정을 의무적으로 적용하여 이용자들이 소비자로서 권리 의식을 고양하고, 정부 돈은 공짜라는 도덕적 해이를 방지할 수 있게 되었다. 이는 서비스를 이용하는 수급권자들이 좋은 상품에 대한 소비자로서의 권리를 요구하여 공급자들로 하여금 가격 대비 서비스 품질관리에 더욱 관심을 기울이도록 유도하는 효과도 확보할 수 있다.

셋째, 적정 품질의 안정적 서비스 공급: 공급자 방식으로 사회서비스를 제공할 때 서비스 제공자는 자원봉사자의 특성을 가지는 경향이 있었다. 국가 예산 지원 부족 등과 같은 현실적인 한계 때문에 부득이한 상황이지만 이용자의 입장에서는 관련 서비스들의 품질이 불안정하고 적극적인 서비스 요구를 하기 힘들게 된다. 하지만 바우처 방식에서는 시장의 상품으로 소비자가 서비스를 이용하기 때문에 주어진 가격 수준에서 소비자의 이용 계획에 따라 안정적으로 서비스가 제공될 수 있다.

넷째, 전자적 사업관리와 중앙 업무 지원 기능(관리 기능 혁신): 보건복지부의 전자바우처 사업은 전통적인 종이 바우처 방식이 아닌 신용카드나 체크카드 형태의 전자관리 시스템을 도입하여 행정관리의 투명성과 효율성을 동시에 확보할 수 있는 장점이 있다. 또한 사회복지 행정의 특징 중 하나인 개인 서비스를 관리하기 위하여 수반

[그림 2-9] 사회서비스관리센터를 중심으로 하는 정책정보 활용 구조

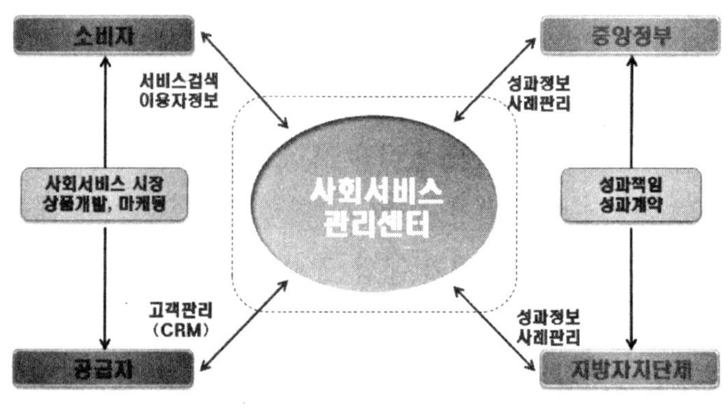

되는 엄청난 수준의 종이 문서를 전자 정보(서류)로 대체할 수 있다.

2007년 2월에 국민은행이 바우처 전담 금융기관으로 지정되어 있으며 같은 해 3월에는 바우처 운용과 정책정보의 체계적 집적·분석 기능을 수행하는 '사회서비스관리센터'가 설치되었다. 이 센터는 바우처 관리를 위한 업무 지원(back office) 기능을 수행한다. 센터에서는 지자체와 서비스 공급기관에 대한 바우처 사용 금액의 정산 및 환급 업무를 중심으로 하는 복지급여 결제 기능을 위탁 수행한다.

또한 바우처 사용에 대한 실시간 모니터링을 실시하고 정기적인 이용자 행태를 분석하여 부정 사용과 오남용 방지 방안들을 마련하고 있다. 각종 정산 및 환급 업무가 센터와 은행을 중심으로 전산 처리되면 일선 지자체의 행정관리 부담은 대폭 경감된다. 더욱이 서비스 이용 실적을 정기적으로 관리하여 수요가 적은 서비스는 축소하고 이용이 많은 서비스는 확대하는 등 예산 자원 배분의 의사 결정을 지원하는 배분적 효율성도 기대할 수 있다. 서비스 공급 이후 체계적

인 사례관리가 뒷받침되면 사회복지 분야에서도 소극적인 적정 수준에서의 투입관리에 그치지 않고 최적 수준에서의 결과 지향적 성과관리 체계를 실현하여 납세자에 대한 책임을 구현할 수 있는 장점도 부각된다.

다섯째, 지역사회와 지방 중심 의사 결정(시장과 지방으로 분권): 전통적인 복지 서비스의 의사 결정은 중앙정부의 지침에 따른 표준화된 방식으로 이루어진다. 따라서 현장 지향적인 분권적인 사업 운영의 여지는 매우 제한적이다. 하지만 사회서비스 전자바우처 사업에서는 이와 같은 의사 결정 구조가 근본적으로 전환될 수 있다. 지자체와 민간 공급기관은 해당 지역의 사회서비스 시장에서 소비자의 욕구 충족과 권리 보호에 정책의 우선 순위를 부여하면 된다. 중앙정부의 지침은 이를 위한 보완적인 수단에 불과할 수도 있다.

특히 지역사회서비스 혁신사업은 포괄보조(block grant)로 운용되기 때문에 지방의 주도적인 정책 역할이 더욱 부각된다. 지역사회의 민간 복지기관들 역시 중앙정부나 지자체의 의사 결정보다는 지역사회의 잠재적 수요자들의 욕구와 만족에 따라 활동하게 된다. 사업별로 대상자가 한정적으로 배정되는 것이 아니라 지역사회에서 시장화가 가능한 서비스들을 스스로 발굴하고 상품으로 개발할 수 있다.

3

보건복지부 사회서비스 바우처 사업의 내용

1. 사회서비스 4대 바우처 사업 개요

서민들의 일상 생활 지원을 통한 사회적 기반 확충을 지향하는 사회서비스 정책을 전략적으로 추진하기 위하여 보건복지부에서는 2006년 10월에 '사회서비스혁신추진단'(현재 지역복지서비스정책관실) 구성이 완료되었다.[1)]

이 혁신단에서 제1단계 사회서비스 전자바우처 사업으로서 사회기반 투자 특성이 명확하고 바우처 방식을 적용하기 용이한 네 가지 유형의 사회서비스를 선택하였다. 즉 노인돌보미, 장애인 활동보조, 산모 및 신생아 도우미, 그리고 지역사회서비스 혁신사업 등이 제1단계 바우처 사업들이다. 이 가운데 2007년도에는 산모 및 신생아 도우미는 종이 바우처로 운용하고, 나머지 세 가지 프로그램에서는 전자

1) 본격적인 업무 추진을 위한 임시조직이 설치되기 이전에 바우처 사업의 예비타당성을 검토하고 운영 체계를 설계하기 위한 초기 작업반은 2007년 7월에 구성되었다.

바우처 방식을 도입하기로 하였다.

첫째, 2007년 4월부터 시행하고 있는 노인돌보미 바우처 사업은 가구 소득이 전국 평균 소득 대비 150%(4인 가족 기준 약 월 530만 원) 이하이고, 치매·중풍·노환 등으로 거동이 불편한 노인들을 대상으로 120시간 교육을 이수한 전문 돌보미들이 가정을 방문하여 재가서비스를 제공하는 것이다.[2] 이용자들은 읍·면·동에서 자격 여부를 확인받고 월 3만 6천 원의 본인 부담금을 납부하면(차상위 계층은 50% 할인) 정부가 202,500원을 지원하여 월 27시간의 서비스를 받을 수 있다. 이는 하루 3시간 기준으로 월 9회 돌봄 서비스를 받을 수 있게 설계한 것이다. 서비스의 이용 시간과 횟수는 수요자와 제공기관 간의 월별 계약을 통하여 자유롭게 결정할 수 있으며, 이용자의 희망에 따라 추가적으로 서비스를 자유롭게 구매할 수 있게 허용하였다.

노인돌보미 서비스는 가정봉사원을 파견하는 재가노인복지센터와 자활후견 사업을 담당하는 지역자활센터 등에서 제공되며 이용기관은 월 단위로 소비자가 계약을 통하여 직접 선택할 수 있다. 다른 행정 관할구역에 입지해 있는 제공 기관의 서비스도 선택할 수 있기 때문에 생활권 단위에서의 서비스 경쟁 체제를 구축하게 되었다.

---

2) 고령사회 진입과 함께 사회 투자 정책에서 중요한 비중을 차지하는 노인돌보미 서비스는 기존의 취약 계층 노인에 대한 시혜적 돌봄 서비스와는 구분되는 중요한 특징이 있다. 첫째, 수혜 대상층을 대폭 확대하여 명실상부한 보편적 서비스로 설계되었다. 장기적으로는 자부담 비율을 차등화하면서 소득 수준에 따른 서비스 이용 제한을 폐지하는 것이 바람직하다. 둘째, 보건복지부에서는 사회적 임금으로서 노인돌보미 서비스의 성격을 강조하였다. 즉 가족을 대신하여 국가의 돌봄 서비스가 제공되는 '효(孝)' 상품으로 홍보하였다. 셋째, 청장년기 근로소득 기간에 납부한 세금을 고령자가 되었을 때 국가의 사회서비스로 돌려 받는다는 '납세자에 국가 책임' 특성도 고려되었다.

보건복지부에서는 제공 기관의 돌보미 인력 확보를 위하여 참여하는 복지기관에 대하여 교육훈련 비용과 서비스의 잠재적 수요자에 대한 홍보 비용을 지원하였다. 2007년도의 경우 노인돌보미 바우처 사업에서 민간기업들의 참여는 원칙적으로 허용하지 않았다. 관련 서비스의 공공성을 고려할 때 시장 이윤 논리가 과도하게 적용되면 당초 기대한 효율성 효과보다는 부작용이 더 클 수 있다는 판단이 중요하게 고려되었다. 따라서 이 분야에서는 비영리기구인 민간 복지기관들에 한정하여 제한적인 경쟁을 유도하는 보호시장 원칙을 적용하였다.[3)]

〈표 3-1〉 2007년도 사회서비스 바우처 사업 규모

사 업 명	예산(국비, 백만 원)	서비스 대상(명)	일자리(명)
계	153,953	153,458	34,501
• 노인 돌보미 바우처	32,161	24,975	4,683
• 중증장애인 활동보조	29,577	16,000	8,000
• 산모·신생아 도우미	15,082	36,883	1,418
• 지역사회서비스 혁신사업	77,133	69,600	17,400

자료: 보건복지부 제공.

둘째, 중증장애인 활동보조 사업은 노인돌보미 사업과 유사 방식으로 운영되는데 대상자와 지원 내용에서는 차이가 있다.[4)] 소득 수

3) 2008년도부터는 참여기관의 유형을 확대하여 민간기업의 참여를 허용하였다.

4) 장애인활동 보조사업은 장애인의 삶의 질 향상과 사회 통합을 위하여 2006년도부터 실시하였던 시범사업을 2007년도부터 전자바우처 사업으로 전환한 것이다. 따라서 사회 투자적 관점에서 새로 설계한 사회서비스라기보다는 바우처라는 정책 수단을 도입하여 기존의 공급자 지원 방식을 수요자 중심 방식으로

준에 상관없이 1급 최중증 장애인(1만 6천 명)이 모두 지원 대상이며 소득 수준에 따라 서비스 이용액의 10~20%(2~4만 원)를 본인 부담금으로 납부하면 월 20~80시간 이용 가능한 바우처(14~56만 원)가 지원된다. 이 서비스는 자립생활센터, 장애인복지관 및 지역자활센터에서 제공하며 노인돌보미 서비스와 마찬가지로 소비자들이 선택적으로 계약을 할 수 있다. 시장 참여기관에 대한 제약과 도우미에 대한 교육 및 사업 홍보 등은 노인돌보미 서비스와 마찬가지로 보건복지부의 보조금이 지원되었다.

셋째, 산모·신생아 도우미 사업은 2006년도부터 시작되었던 것으로 도시근로자 월평균 소득액의 60%(4인 211만 원) 이하인 출산 가정에 대하여 2주(12일)간 방문 서비스를 제공하는 것이다. 2007년도까지는 종이 바우처로 운용되며 2008년도부터 전자바우처 방식으로 전환되었다. 서비스 제공 기관으로는 시·도별로 2~3개의 기관(지역자활센터, YWCA 등 45개소)이 지정되어 있다.

넷째, 보건복지부가 기존의 유사 사회서비스와는 운영 방식에서 완전히 구분하여 설계한 것으로 지역사회서비스 혁신사업이 있다. 이는 지자체가 사회서비스를 발굴·선택하고 중앙정부가 선정·지원하는 지역사회 주도의 수요자 중심 사회서비스 제공을 목적으로 한다. 사업은 표준형과 자체개발형 사업으로 구분되었는데, 2007년도의 경우 전자는 독서 인지 능력 향상과 아동 비만 관리 등 2개 사업에 각각 2개의 전국 사업자가 지정되어 있다. 후자에서는 지자체가 아동, 노인, 근로자 등을 대상으로 하는 다양한 사회서비스 사업들을

전환한 경우에 속한다. 따라서 보건복지부 장애인정책관실에서 설계한 정책을 전자바우처를 총괄 운영하는 (재)사회서비스관리센터가 위탁 수행하는 것으로 이해할 수 있다.

〈표 3-2〉 지역사회서비스 혁신사업의 10대 프로그램

구분	사업 영역	프로그램 예시		
생활 환경 지원	주거환경	가구 방역	놀이터 소독	경로당 소독
	건강관리	영양관리 지원	노인건강관리	정신건강관리
	돌봄환경	노인부양가족 여가 지원 노인공동생활 조성사업		효사랑 체험 서비스 이동세탁 서비스
	가족문화	가족여행 지원 노후 Well Aging 사업		가족문화 체험 활동 세대공감 교육사업
아동 능력 개발	아동발달 지원	아동 체험 학습 과학교실/리더십 교육 등		영어학습 지원 도서/장난감 대여
	장애아 지원	정신지체아동 주말 캠프 장애아 인지 능력 향상 장애아 재활심리 치료		발달장애아 문화학습 장애용품 리폼/대여 놀이치료교실
	건강발달 지원	아동정신건강지킴이 문제아 조기개입 서비스		아동건강발달 지원 아동정서 지원 서비스
사회 활동 지원	자녀 돌봄	맞벌이 부부 영유아 돌보미		성인 장애 자녀 주간보호
	특별가정 지원	결혼이민자 교육 지원	조손가정 맞춤 지원	한가족 가정 맞춤 지원
	고용복지 통합	근로자 EAP 서비스		맞춤형 고용복지 통합 서비스

발굴・시행하고 있으며, 2007년 12월 현재 312개 사업이 보건복지부의 승인을 받았다.

이 분야에서는 일반 기업들도 시장에 참여할 수 있도록 개방되어 있어 기존의 비영리 복지기관 중심의 전달 방식과는 다른 시장 지향형으로 정책 프로그램을 설계하였다. 지역사회서비스 혁신사업은 사업 수행 및 재원 운영 방식, 그리고 지향하는 목적에서 기존의 국고보조사업과는 구분되는 세 가지 특성이 있다. 관련 내용을 좀더 구체적으로 설명하면 다음과 같다.

2. 지역사회서비스 혁신사업의 정책 특성

1) 사회서비스 포괄보조를 통한 분권형 복지재정 관계

지역사회서비스 혁신사업(CSI: Community Social Service Innovation)의 재원은 미국의 연방정부가 운용하는 사회서비스 포괄보조(SSBG: Social Service Block Grant)와 유사한 형태의 포괄보조 특성이 있다. 여기에서는 분권교부세와는 다른 새로운 방식으로 복지정책의 지방 분권을 지향한다. 재원 확보와 정책 및 행정관리 기능은 중앙정부가 담당하고, 지방자치단체가 배정된 예산과 정책 프로그램 범위 내에서 재량을 가지고 사회서비스를 개발·공급할 수 있게 하였다. 앞으로 재원 배분 규모를 설계할 때 사업의 성과 요소들을 고려하게 되면 정부간 성과 계약 방식도 도입이 가능하다.

2007년도의 경우 보건복지부에서는 시·도별로 아동 수(표준형 사업)와 인구 수(자체개발형 사업)를 기준으로 전체 예산을 포괄적으로 배정하였으며, 시·도에서는 시·군·구에 대하여 재원을 할당하였다. 지자체는 할당받은 재원에 대하여 지방비를 (개별 사업 단위가 아닌) 전체 사업에 대하여 포괄적으로 매칭하여 보건복지부가 설계한 표준형 사업은 자율적으로 선택하고 자체개발형 재원은 지역별로 자율적으로 사업을 개발하여 지출하고 있다. 사업 집행 실적에 따라 예산의 과부족 현상이 발생하면 복지부와 시·도에서 총예산 범위 내에서 조정하여 재배정한다.[5]

---

5) 다만, 명실상부한 포괄보조로 운용되기 위해서는 좀더 정교한 재원 배분 및 운용 방식이 설계되어야 한다. 지역별로 사회서비스 수요를 측정하고 이를 고려한 재원 배분 산식이 객관적으로 마련될 필요가 있다. 또한 지방비가 매칭되어

2007년도는 당초 국고 내시가 없어 지자체들은 본예산에 반영하지 못하였다가 7월 이후 추경예산을 통하여 지방비를 마련하였다. 상반기에 당해 연도 사업들을 복지부로부터 승인받았기 때문에 당해 연도에 필요한 재원 규모를 비교적 정확히 산정할 수 있어 추경에서 필요한 만큼의 지방비를 확보하는 데 별다른 문제는 없었다. 이후 당초 사업들의 추진 실적을 고려하여 지방비를 추가 확보하거나 미진한 사업들에서 남은 예산을 다른 사업에 배정하였다. 일부 지자체에서는 자체 예산을 추가로 확보하여 (표준형 사업에서 계획 인원 이상의 신청자에 대해서는) 자체 예산만으로도 사업을 수행할 수 있도록 조치하는 등의 자체 조정 기능이

〈표 3-3〉 지역사회서비스 혁신사업과 기존 복지 보조사업의 비교

구 분	지역사회서비스 혁신사업	기존 복지 분야 국고보조사업
대상 집단	보편적(평균 소득 이하)	잔여적(기초 수급자 중심)
선정 기준	욕구평가(Need Assessment)	자산조사(Mean-Test)
가격 구조	정부 지원, 본인 부담, 추가 구매	정부 지원액
서비스 개발	수요자	정부 또는 공급자
가격통제	자율규제	중앙정부 통제
품질관리	자율경쟁	사전규제
국고 보조	포괄보조	단위사업별 보조

야 하기 때문에 지자체에서 충분한 예산을 확보하지 못하면 배정된 국고보조금을 반납하여야 한다. 보건복지부와 시도의 재원 조정 기능 역시 잠재적 사업(지출) 수요와 사업의 성과를 고려하여 좀더 객관적으로 정립되어야 한다. 그렇지 못할 경우 지자체별로 국고보조금 확보와 관련한 필요 이상의 경쟁과 갈등 그리고 재원 배분에서 지역 간 형평성 쟁점이 발생할 수 있다. 한편 개별 단위사업별로 지방비를 매칭하여야 하기 때문에 재원 구성이 복잡하게 된다. 지원받는 국고보조금의 총량 기준으로 지방비도 총량으로 매칭할 수 있게 허용하면 좀더 자유롭게 재원을 사용할 수 있다.

비교적 원활하게 이루어졌다.

이와 같은 재원 운영 방식은 사회서비스 분야에서 발생하고 있는 시장실패와 자치실패에 대한 중앙정부의 새로운 대응이라는 점에서 의의가 부각된다. 사회(복지)서비스는 적정 이윤을 창출하기 힘든 분야가 많아 시장에서는 제대로 공급되지 않는 전형적인 시장실패 영역이다. 이에 따라 국가의 직접적인 개입이 불가피하다. 그리고 지역 단위별로 다양한 개인별 대응이 필요하다는 점에서 지방자치단체의 적극적인 재정 기능이 요구되지만 현실적으로 아직 지방자치 기능이 원활히 작동하지 못하는 자치실패 현상이 지속되고 있어 중앙정부의 직접적인 역할이 중요하다.

참여정부에서는 지방 분권을 위하여 많은 사회서비스 공급 업무를 지방으로 이양하고 분권교부세를 통하여 재원을 지원하였다. 하지만 현실의 정책 성과는 기대만큼 충분하지 않았으며 사회복지 분야에서는 지자체가 능동적으로 대응하지 못하는 자치실패 현상이 발생하여 지자체와 시민단체들로부터 상당한 비판을 받았다. 이에 따라 수요자 중심으로 지역별로 다양한 사회서비스를 맞춤형으로 공급하기 위한 새로운 형태의 사회서비스 포괄보조 방식의 의의가 부각된다.

2) 지방 중심의 맞춤형 서비스 공급과 복지 사각지대 해소

지역사회서비스 혁신사업들은 지역사회 서비스 수요의 다양성을 맞춤형 복지를 통하여 대응하여 복지 사각지대 해소를 위한 역할을 수행하고 있다. 여기서는 일반적인 국고보조사업과 달리 지자체의 선택을 존중하는 새로운 복지분권형 프로그램이 운영된다.[6] 서비스의

---

6) 대부분의 복지 분야 국고보조사업에서는 중앙정부가 사회서비스의 비용(가격)과 내용(품질), 그리고 서비스 제공 기관과 방식 등에 대하여 세세하게 지침을

비용과 내용 그리고 제공 기관에 대한 사항들을 지자체가 지역 실정에 맞게 스스로 설계·결정할 수 있도록 포괄적인 재량을 부여하였다.

보건복지부는 전체 예산의 절반 정도를 표준형 사업(2008년도부터는 보편형)에 배정하고 아동 인지능력 향상과 아동 비만관리 프로그램을 설계하여 전국 사업자를 지정하였다. 표준형 사업의 설계는 학계에서 사회 기반 투자 효과를 인정하는 사업들을 우선적으로 고려하였다. 하지만 모든 지자체가 반드시 표준형 사업을 선택하는 것은 아니다. 중앙정부는 지자체가 선택할 수 있는 정책 매뉴를 제공한 것에 불과하며 선택은 지자체의 자율 결정에 따른다. 2007년도의 경우 아동 인지능력 향상사업은 143개, 비만관리사업은 13개 지자체가 선택하였으며, 76개 지자체는 두 가지 모두 시행하고 있다.[7)]

60여 개 유형의 300여 개가 넘는 자체개발형 사업들이 2007년도 한 해에 만들어졌는데 기존 방식일 경우와 비교하면 정책 개발에서 10년 이상의 시간을 단축한 성과이다. 개발 주체 역시 다양한데 시·도가 개발·시행하는 사업이 25개, 시·군·구 공동사업이 3개 그리고 각각의 시·군·구가 독자적으로 개발한 사업은 286개이다. 앞으로 자체개발형 사업 중 전국 표준 서비스로 전환될 필요가 있는 경우에는 새로운 보편형 사업으로 설계하여 전국에 보급할 수 있다. 이렇게 되면 자체개발형을 표준형을 위한 인큐베이터 역할을 수행하게

마련하여 전국적으로 표준적으로 적용한다. 이에 따라 사업 수행 과정에서 지자체의 재량 여지가 협소하여 지역 실정에 상관없이 사회서비스가 과소 혹은 과다 공급되는 비효율성 문제가 발생하고 지방행정에서 필요 이상의 행정관리 부담이 발생하고 있다.

7) 전국 232개 지자체(제주시와 서귀포시를 정책관리상 지자체로 포함) 가운데 11개 시·군·구는 지역사회서비스 혁신사업을 전혀 선택하지 않았으며, 45개 시·군·구에서는 시·도개발사업 이외 자체개발형이 없었다.

되는 것이다.

한편, 지역별로 다양하게 사업들이 설계·제공되고 있는 자체개발형 사업은 복지 사각지대 해소와 사회서비스 중복 투자라는 상반된 평가를 받고 있다. 기존의 사회복지 보조사업 방식에서는 (특히 지역 특수성이 있는) 복지 서비스가 개발·공급되지 못하였거나 중앙부처의 예산 배정에서 우선 순위가 밀려 해당 지역에는 서비스가 공급되지 않은 경우가 적지 않다.[8] 이러한 현실에서 포괄보조 방식을 통하여 지자체는 서비스 대상과 내용을 자율적으로 설계하여 자기 지역사회에 우선적으로 필요한 서비스들을 다양하게 공급할 수 있게 되었다. 이와 같은 방식으로 전국에 314개 사업(표준형 포함)이 설계되었는데, 내용상으로는 보건복지부 이외의 다른 사회정책 부처들과 사업 영역이 중복된다는 비판이 있다.[9]

특정 부처에서 관련 사업을 독점적으로 관할하는 현재의 국고보조 방식에서는 예산 및 정책관리 역량 부족 등의 이유로 불가피하게 복지 사각지대가 지속적으로 발생할 수밖에 없다. 중복 투자 논리의 덫에 빠져 당장 필요한 서비스가 있어도 중앙부처의 예산 배정만 기다려야 한다는 현실의 모순이 있었다.

따라서 부처별로 사업 관할의 독점권을 부여하기보다는 지자체가 자기 지역에 맞는 사업을 스스로 선택하고 중앙부처들은 서비스의 품질로 경쟁할 수 있는 대안적인 접근이 합리적일 수 있다. 즉 [그림

---

8) 예를 들어, 여성가족부의 건강가정지원센터가 2007년도에 전국 32개소밖에 없어 전국 모든 지자체에 대하여 서비스를 제공하지 못하고 있다. 또한 재정력이 취약한 군 지역에서는 노인복지시설(회관)이 없어 노인복지 서비스 공급이 매우 취약한 경우도 적지 않다.

9) 예를 들어 여성가족부의 건강가정지원센터 프로그램과 자체개발형 사업, 교육인적자원부의 방과 후 프로그램과 자체개발형의 아동학습 비전 개발 프로그램 등.

3-1]에서와 같이 개별 사회 부처들이 관할 영역별로 사업을 독점적으로 수행할 때 발생할 수 있는 빈 공간들이 사회서비스 포괄보조 재원을 이용해 다양하게 채워질 수 있으면 지역의 사회적 기반이 더욱 충실하게 구축될 수 있다.

지역사회서비스 혁신사업은 지방재정 조정제도에서의 보통교부세나 부동산교부세 등과 같이 전체로서 하나의 포괄보조 단위사업으로 인식하여야 한다. 지역별로 부족한 사회서비스를 자율적으로 설계하도록 허용하기 때문에 특정한 사업에 국한되지 않는다. 2007년 한 해 동안 지자체에 운영하였던 세부 사업만 300개가 넘는데, 개별 사업 하나 하나를 생각하면 다른 부처 혹은 보건복지부 내의 다른 부서 사업과 중복된다는 오해를 받을 수 있다. 하지만 세부적으로 살펴보면 해당 지역의 해당 사업은 중앙정부의 다른 부처 혹은 다른 부서에서

[그림 3-1] 지역사회서비스 혁신사업과 복지 사각지대 대응

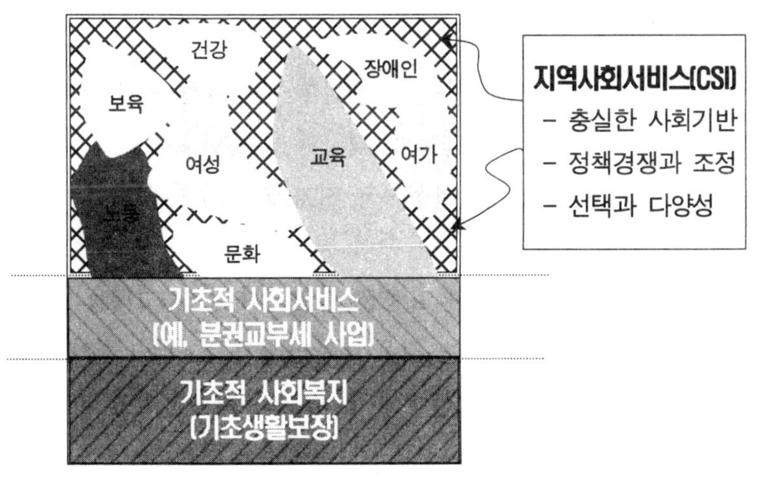

정책을 담당하고는 있지만 예산 부족 등의 이유로 상당 기간 동안 제대로 공급되지 않는 경우가 대부분이다.

자체개발형 사업에 대한 중복 투자 쟁점은 2007년도 정기국회 예산결산특별위원회의 심의에서도 논의되었다. 외형상으로는 많은 단위 사업들이 중복이라서 관련 예산의 전액 삭감을 주장하는 야당과 미세하게 사업 하나씩을 들여다보면 해당 지역의 해당 주민들이 이중으로 국가의 서비스를 받는 것이 아니라는 여당과 정부의 설득이 팽배하게 맞섰다.

공급자 지원이 아닌 소비자 중심의 바우처 예산들 그리고 수혜 대상이 소수의 특정 집단을 넘어 일반 국민 모두로 설정된 보편적 사회서비스 부문에서는 정치적인 후원집단 혹은 이익집단이 형성되기 힘들기 때문에 예산 과정의 정치경제적 특성 속에서 삭감하기 가장 용이한 재원일 수 있다. 우리나라에서 행정자치부 이외의 중앙부처에서 개별 국고보조와는 다른 새로운 포괄보조금을 도입한 처음의 시도가 전통적인 현실의 인식 벽을 넘기에는 상당한 설득과 경험적인 증거의 뒷받침이 요구된 상황이었다.

보건복지부에서는 2007년도 자체개발형 사업에서 부처 간 사업 중복 논란이 제기된 일부 사업들에 대하여 2008년도에는 원칙적으로 승인하지 않는다는 방향을 설정하고 지자체의 의견을 수렴한 바 있다. 하지만 해당 지자체의 의견 수렴 결과 이미 우수한 사업으로 정착되어 주민들로부터 상당한 호응을 받고 있는 프로그램을 중복 투자의 논리 속에서 폐지한다는 것은 불합리하며 시·군·구가 지방비 부담을 통하여 자체적으로 선택할 수 있도록 허용하여야 한다는 의견이 지배적이었다.10)

중앙부처는 지역별로 다양한 사회서비스들을 설계하고 지자체가 자신들이 지방비 부담을 통하여 좀더 적합한 서비스를 자율 선택할 수 있도록 허용하면, 이는 수요자 중심의 복지 분권 관점을 정부간 정책 관계에서도 그대로 적용하는 것이 된다.

한편, 수요자 중심의 지역사회서비스 혁신사업이 있어도 농어촌 지역에서의 복지 사각지대 문제는 계속 남아 있을 수 있다. 이는 두 가지 이유 때문이다. 하나는 해당 지자체의 재정력이 열악하여 시·군비 부담 능력이 없으면 그 지역 주민들에게는 현재의 국고보조 방식에서 어쩔 수 없이 사회서비스가 제공되지 못한다. 다른 하나는 해당 지역에 사회서비스를 공급할 수 있는 제공 기관으로서 사회복지시설 자체가 없는 경우도 있다.

따라서 전자에 대해서는 낙후 지역에 대한 보조금 특례 조치를 통하여 100% 차등 보조율을 적용하거나 민간기업의 후원금 등을 시·군비 부담으로 대체 인정하는 특례를 허용하는 등과 같은 예외적인 조치들이 병행되어야 한다. 후자의 문제에 대해서는 낙후 지역에 대하여 다른 관할구역의 시설에서 서비스를 제공할 때 바우처 가격을 달리 설계하여 원가 보상을 높여 다른 지역 복지기관들이 서비스를 제공할 수 있는 유인을 만들거나 민간 복지기관이 아닌 (지역 내) 다른 유사 기업(예: 농협, 축협, 우체국, 편의점 등)에서도 사회서비스를 공급할 수 있도록 자격 규제를 완화하는 등과 같은 적극적인 조치들

---

10) 중복 투자 문제가 우려되었던 일부 지역 사업에 대해 해당 지자체는 자부담이 있어도 수요자 중심 방식인 자체개발형 사업을 지속적으로 수행하고, 기존에 있던 다른 부처의 공급자 방식 사업을 포기할 용의가 있다는 의견도 제시된 바 있다. 이러한 점을 고려하면, 중앙의 개별 각 부처들이 다양한 사회서비스들을 경쟁적으로 개발하고 지자체가 자체의 지방비를 부담하면서 해당 지역에 필요한 서비스를 선택할 수 있도록 허용하는 또 다른 형태의 분권형 수요자 중심 방식도 검토할 필요가 있다.

이 필요하다.

3) 지역경제의 시장 일자리 창출과 지역사회서비스 혁신사업

기초적인 사회복지 서비스와는 구분될 수 있을 정도로 지역사회서비스 혁신사업들은 사회서비스 산업 육성과 지역경제에서의 시장 일자리 창출과 밀접한 연관성을 가지고 있다. 세계화와 무한 경쟁 질서 속에서 제조업 일자리가 침체되고 있어 이를 대체할 새로운 일자리 공급이 시급하다. 주요 국가들의 예를 보면, 탈제조업 단계에서는 사회서비스 산업 분야의 시장 일자리들이 지속적으로 성장하였다. OECD 국가들의 고용 구조를 분석하면 2003년 기준으로 평균 21.7%를 사회서비스 분야가 차지하지만 우리나라는 12.6%로서 절반 수준

[그림 3-2] OECD 국가의 사회서비스 고용 비중(2003년)

(단위: %)

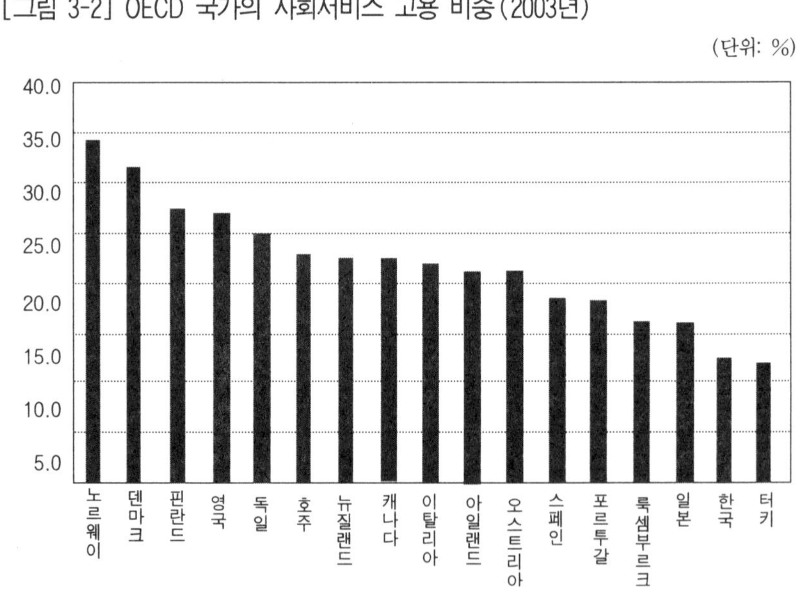

자료: 전병유 외(2006).

에 불과하다. 이러한 격차만큼 사회서비스 분야는 새로운 일자리 창출을 위한 잠재력이 매우 높다.11)

사회서비스 확충과 일자리 창출을 위해서는 두 가지 접근을 생각할 수 있다. 하나는 공급자 지원 방식으로서 복지시설을 공급하면 저절로 일자리가 창출된다는 전제가 설정되어 있다. 사회복지시설을 새로 설치하거나 기존 복지기관에 대한 재정 지원을 통하여 사회서비스를 제공하면 사회적 일자리들이 창출될 수 있다. 기초적 복지 서비스의 안정적 제공이 필요한 분야에서는 효과적이다. 다만, 사회서비스 산업 활성화를 통한 시장 일자리 창출 효과는 제한적이다. 독점 비효율성뿐 아니라 각종 정부의 지침과 규정의 틀 속에서 적극적 경영관리와 일자리 확대 노력을 수행하기 힘들기 때문이다.

〈표 3-4〉 유사 소득 수준에서 사회서비스 고용 비중 비교

구 분	아일랜드	스페인	그리스	포르투갈	한국	뉴질랜드	영국	핀란드
연도	1994	1996	2001	2001	2004	1997	1988	1993
1인당 국민소득 (PPP 달러)	17,162	17,363	17,448	17,568	17,675	18,903	19,713	19,845
사회 서비스 고용 비중(%)	20.3	17.8	18.4	17.3	12.7	20.5	21.2	26.6

자료: 전병유 외(2006).

11) 유럽에서는 사회서비스 분야에서 사회적 기업 형태의 산업 및 일자리 창출이 주목받고 있다. 이태리 사례를 보면 사회적 기업의 58%가 사회적 및 건강 돌봄, 교육, 가정 및 지역 돌봄 그리고 환경 보호 등의 분야에서 활동하며, 37%는 취약 계층에 대한 직업교육을 실시하고 있다. 이들 분야에서 사회적 기업들은 지역의 일자리 창출과 사회 통합 그리고 사회적 자본 창출에 기여하는 것으로 평가되고 있다(Mancino & Thomas, 2005).

공급자 지원 방식에서는 사회서비스를 제공하는 종사자들이 자원봉사의 성격을 가지고 있기 때문에 서비스 제공자들은 시장에서 근로자 자격을 가지는 직장 일자리라고 생각하지 않는 경향이 있다. 정부가 행정관리의 관점에서 책정하는 기본 인건비 자체가 낮을 뿐 아니라 공급기관에서도 전일제 담당 근로자를 고용하기보다는 주어진 인건비 한도액 내에서 여러 명의 자원봉사자들이 시간을 나누어 서비스를 제공하고 일한 시간만큼의 수당을 배분하는 사례도 많다.

이런 경우에는 일을 더하고 싶어도 자신의 의지보다는 기관의 운영 재량에 따라 근로 시간과 급여가 결정된다. 제공 기관에서도 일단 정부 사업에 참여하게 되면 기본적인 경상경비를 지원하고 서비스 대상 인원당 담당 인력과 수입 금액도 정부 지침으로 시달되기 때문에 적극적인 경영관리 노력을 기울일 유인이 크지 않게 된다.

다른 하나의 방식은 소비자 중심 접근으로서 수요가 스스로 공급 창출한다는 케인스주의 경제정책 논리를 적용하는 것이다. 사회서비스가 필요한 국민들에게 시장 구매력을 보전할 수 있게 바우처를 제공함으로써 사회서비스 시장을 통하여 소비자 욕구를 충족시킬 수 있는 시장맞춤형 사회서비스를 공급하는 방식이다. 바우처를 통하여 시장의 '유효 수요'가 형성되면 사회서비스 시장에서 제공 기관들은 전략기획, 마케팅, 고객관리, 품질관리 등의 경영 활동을 통하여 산업 육성과 시장 일자리 확대 효과가 극대화될 수 있다.

공급자 지원 방식과는 달리 서비스 대상 인원과 지리적 범위에 대하여 제한을 두지 않으며 수입에 대하여 지자체가 별도의 회계 감사를 실시하지 않고 자율 사용을 허용하면 경영 활동을 활성화할 수 있는 시장 유인이 대폭 확대된다. 지역사회서비스 혁신사업은 시장의 자율성을 높일 수 있는 선택적 복지 특성이 강한 사업들을 중심으로 후자의 방식을 적용하였다.

노인돌보미와 장애인 활동보조 사업은 기초 서비스 특성이 강하여 제공 기관과 서비스 제공자의 자격 요건 규정이 상대적으로 엄격하다. 이에 따라 시장 활성화와 일자리 창출 효과는 제한적일 수 있다. 기초적인 사회서비스 특성이 강한 이 영역에서 시장의 기능은 제공기관들 간의 활발한 경쟁에 초점이 맞추어진 것이 아니며 가격과 품질에 대하여 시장의 자율성도 높지 않다. 대신 이용자와 공급자가 상호 선택을 통하여 고객에 대하여 저렴한 양질의 좋은 서비스를 안정적으로 제공하는 효과를 기대한다. 따라서 이와 같은 기초적인 사회서비스정책들은 민간 시장경제 체제를 그대로 도입하는 것이 아니라 '시장적' 특성 요소를 부분적으로 활용하는 프로그램이다.

그런데, 지역사회서비스 혁신사업에서는 지자체별로 자율적으로 사업을 설계·공급하도록 재량을 확대하였다. 이에 따라 전국 단위로 표준화하기가 현실 여건상 쉽지 않은 많은 사업들이 개발되면 지역별로 다양한 분야의 전문적인 시장 일자리들이 창출될 수 있다.

특히 장애아동을 위한 발달장애 치료, 음악과 미술을 이용하는 아동정서 교정, 아동학습 비전 및 인성 개발, 전문 체육치료 등의 분야에서 지역의 대학교를 중심으로 정부가 지원하는 유효 수요에 기초하여 예체능 및 인문·사회과학 계열의 재학생 및 졸업생들의 창업 활동을 지원할 수 있는 영역이 활성화될 수 있다. 이와 같은 예를 통하여 사회복지 서비스를 제공하는 기관의 유형과 제공 인력의 자격 특성이 매우 다양해질 수 있다. 따라서 사회서비스의 시장일자리는 특정 분야의 전문가들에게만 국한되지 않는 개방적 특성을 가지게 된다.

4

사회서비스의 현명한 전달 수단, 전자바우처

1. 시장과 수요자 중심의 사회서비스 전달 방식

1) 전통적인 공급자 지원 방식

전통적인 사회복지 서비스들은 중앙정부가 표준적으로 설계한 프로그램들을 민간 비영리 복지기관을 통하여 대상자에게 전달하는 공급자 지원 방식으로 운용된다. 사회복지 서비스의 지리적 외부성과 기초 복지에 대한 국가적 책임 부담 원칙에 따라 중앙정부가 상대적으로 많은 비중의 재원을 확보하고 이를 국고보조금으로 지자체에 전달한다. 지자체는 중앙정부가 마련한 표준 지침에 따라 사회복지 기관들로 하여금 적격자에게 서비스를 전달하도록 위탁한다. 이와 같은 방식은 복지 서비스의 안정적 전달 측면에서 장점이 있지만 불가피한 현실적인 한계도 적지 않다.

우선 전달 과정에서 상당한 행정 및 재정관리 비용이 수반되며 이러한 관리 부담은 지자체와 서비스 제공기관에 집중된다. 개인별로 서비스가 제공되기 때문에 관리 단위 역시 개인별로 운영되어야 한다.

[그림 4-1] 공급자 지원 방식의 사회서비스 전달 체계

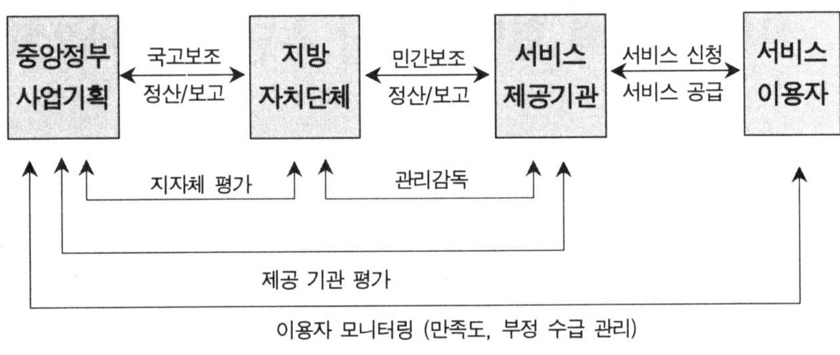

〈표 4-1〉 공급자 지원 방식의 전달 체계에서 발생하는 행정관리 비용

구분	중앙정부 · 지자체	제공 기관	이용자
직접비용	- 이용자 확인 및 배정 - 보조금 신청 · 배분 · 정산 - 업무 현황 보고 (정기 · 부정기) - 부정 수급 · 판정 모니터링 - 지출감사 및 정책평가	- 보조금 신청 · 정산 - 강도 높은 지출회계감사 - 수기 청구 전담 행정인력 - 지불 지연에 따른 금융비용	
간접비용	- 중앙 표준지침 단순 수용 (소극적 복지행정관리) - 중앙 현장방문 수행 · 지원 - 서비스 공급 정보관리 부재 (임의적 · 부정기적 정보관리)	- 중앙 · 지자체에 대한 의존 - 소수 대규모 제공 기관 독점 - 회계감사에 의한 활동 경직 - 표준적 운영에 따른 경직된 업무 수행(과잉/과소) - 비영리기구로서 한정적 활동 (기관 성장의 한계)	- 제공기관 독점에 따른 소비자 선택 권한 제한 - 수급자 낙인에 따른 사회적 배제 부담

이러한 측면이 도로와 같은 물리적인 시설 투자와 기본적으로 차이가 있는 이유이다. 즉 개인 서비스 사업에서는 같은 금액의 SOC 사업(예: 도로공사)과 비교할 때 정기적인 국고보조금의 지불과 정산 절차뿐 아니라 수시로 집행 과정과 성과에 대하여 상황 보고 등의 업무가 비교되지 않을 정도로 많다.[1] 이에 따라 지자체에서는 다른 공공서비스와는 달리 사업을 관리하여야 하는 행정 업무 부담이 상당하게 된다.

최근 사회복지 서비스가 지속적으로 증대되면서 일선행정 현장에서는 가용한 담당 인력이 절대적으로 부족하여 사회복지 업무 자체를 기피하는 현상이 발생하고 있다. 따라서 기본적인 행정관리 업무가 과중한 상태에서 서비스 제공 기관과 이용자에 대한 모니터링과 사례관리가 효과적으로 실시되기 어려운 것이 현실이다.

이와 같은 어려운 상황에서 공급자 지원 체계에서 구상할 수 있는 개선 대안 요구들은 기구와 인력 확충에 집중된다. 지난 십수 년 동안 사회복지 전달 체계 개선을 위한 각계각층의 요구는 사회복지 전담 공무원 인력의 대폭 확충에 집중되었다. 하지만 공공 부문에서 조직과 인력 확대는 사회복지 정책 영역 밖의 새로운 관료제 관리 쟁점으로 확대되기 때문에 타당성에 대해서는 공감대가 형성되지만 현실에서는 효과적인 대안으로 실현되기 힘든 한계가 있다.

둘째, 중앙정부가 표준적으로 공급하는 사회복지 서비스들은 이용자의 욕구를 충분히 고려하지 못하는 한계가 있다. 지역사회가 다양해지면서 서비스에 대한 욕구의 내용과 수준 역시 지역·연령·성별로 차

---

1) 더욱이 서비스 수혜 대상자의 주거 이전, 사망, 세대 분리 등과 같은 개인적인 변화들이 곧바로 지자체의 보조금 지불 정산 업무로 연계되기 때문에 시기별로 정확한 예산 및 통계관리 부담이 많다.

별화되어야 하지만 전국적인 관점에서 정책을 설계·관리하기 위해서는 불가피하게 평균적인 수준에서 욕구가 충족될 수밖에 없다.

셋째, 지역에 따라서는 사회서비스를 전달할 수 있는 민간 복지기관이 설치되지 않으면 해당 주민들은 욕구가 있어도 서비스가 공급되지 못한다. 우리나라의 국고보조 방식은 지자체로 하여금 일정 수준의 지방비를 부담하도록 규정되어 있기 때문에 재정이 열악한 낙후지역에서는 공급기관 자체가 설치되지 못하는 경우도 적지 않다. 이에 따라 지자체의 재정 여건에 따라 복지시설들이 지역별로 불균등하게 분포되어 있으며, 주민들에 대한 복지 서비스 역시 지리적으로 불균등하게 공급된다. 결국 중앙정부의 사회복지 재정이 지속적으로 증대되어도 지역에 따라서는 계속 복지 사각지대가 발생할 수밖에 없는 구조적 한계가 발생하는 것이다.

결국, 현실적으로 가용한 인력 및 재원 규모가 한정되어 있다는 점을 고려할 때 행정관리 부담을 줄이면서도 개인별로 맞춤형 서비스를 제공할 수 있는 전달 방식에 대한 구조적인 대안들이 필요하다. 이를 위한 효과적인 대안으로 시장과 수요자 중심의 전산관리 방식이 부각되고 있다.

2) 시장과 수요자 중심의 바우처 방식

보편적인 사회서비스들은 수요자 관점에서 공급되어야 한다는 주장들은 특히 서비스 품질관리의 중요성이 강조되면서 당연한 가치로 설정된다(Wunderlich & Kohler, 2001). 기초적 복지 서비스는 사회적 정의와 국가 최저 수준(national minimum)에서 공급되기 때문에 사회적 합의에 기반한 국가 혹은 공급자 관점에서 적정 수준에서 제공된다. 하지만 사회적 기반 확충을 위한 보편적 사회서비스들은 최종 이용자인 수요자들의 선호와 욕구에 부합할 수 있게 최적 수준에서 다양하게 설계되어야 한다.

소비자의 선호에 따라 서비스가 공급될 수 있는 효과적인 대안으로는 소비자와 공급자의 자발적인 선택 기능을 사회서비스 공급에 적용할 수 있는 '시장' 기능을 활용하는 방안이 있다. 전통적으로 사회복지 서비스는 시장에서 구매력을 가진 수요가 충분하지 못하여

[그림 4-2] 시장과 소비자 중심의 사회서비스 전달 구조

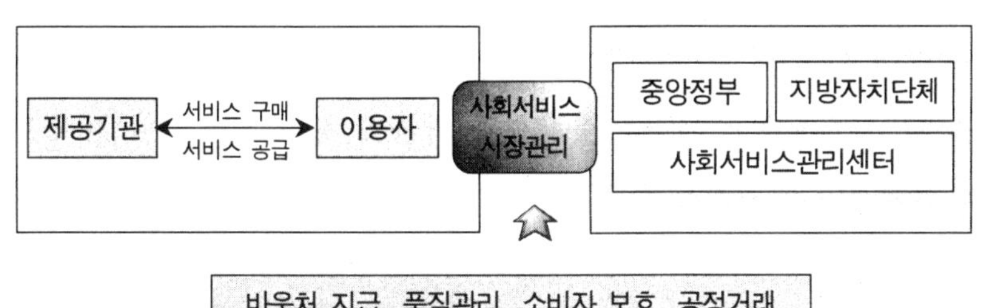

〈표 4-2〉 시장과 소비자 중심의 사회서비스 전자바우처 사업의 비용

구분	중앙정부·지자체	제공 기관	이용자
직접 비용	- 기획, 심사, 승인, 시장관리 - 사회서비스시장 관리기구 - 사회서비스 상품 홍보 - 대상자 판정과 전산 입력	- 결제장치 구입비 - 결제장치 이용료 - 결제 수수료	
간접 비용	- 시장경쟁관리와 독점 - 지역 간 시장 격차	- 시장 여건에 따른 매출 및 급여의 불안정성	- 사기와 담합 등 시장 위험 노출
간접 효과	- 정책정보 체계적 관리 - 시장 일자리 창출	- 제공 기관의 사회적 기업화 - 제공 인력의 신축 운용 - 비영리기관의 경영 활동	- 소비자 선택 강화 - 소비자 권리 증진

효율적인 자원 배분이 이루어지지 못하는 시장실패 영역이다. 이에 대한 대응으로 국가가 직접 시설 투자를 하고 서비스를 공급하여 시장을 대체하는 직접 지원 방식과 시장실패 요소를 확인하고 이를 보완하는 간접 관리 방식이 있다.

후자의 방식이 바우처 제도로서 잠재적 소비자에게 국가가 구매력을 보전하여 유효 수요가 창출되어 시장 기능이 형성될 수 있다는 전제가 설정된다. 시장을 통하여 서비스가 공급되는 소비자 중심의 정책 운용뿐 아니라 자발적 거래를 통한 행정관리 부담도 줄일 수 있는 두 가지 효과가 창출된다.

그런데, 시장과 소비자 중심 방식이 모든 측면에서 효과적인 것은 아니다. 사회서비스 시장의 유용성과 위험에 대한 비판 역시 적지 않다. 전통적인 사회복지 서비스가 공급자 중심 방식으로 제공되기 때문에 사회서비스 시장에서의 소비자 선택과 제공 기관들 간의 경쟁을 강조하는 수요자와 시장 지향형 바우처 사업을 (정서적으로 혹은 실질적으로) 적극 수용하기가 쉽지 않을 수 있다. 또한 잔여적 복지의 주된 정책 대상인 취약 계층의 경우에는 개인 책임이 상대적으로 강조되는 사회복지의 시장화가 바람직하지 않을 수도 있다.

하지만 보편적 사회서비스 정책에서 취약 계층뿐 아니라 평균 소득 이하의 일반 서민 모두를 이용자로 설정하면 전달 비용의 최소화와 소비자 효용 극대화를 위해서는 시장기구가 최선의 방안이라는 점에 쉽게 공감할 수 있다. 다만 경제적 이윤 논리가 제대로 작동하지 않을 수 있는 (혹은 그것이 바람직하지 않을 수 있는) 영역에서 시장실패와 정부실패에 대한 위험관리 문제는 언제든지 새로 제기될 수 있다. 당연히 이에 대한 별도의 관리 방안들이 모색되어야 한다.

공공 부문에서 시장 요소를 도입한다는 것은 민간 경쟁 체제로의 직접적인 전환을 의미하는 것만은 아니다. 선택과 경쟁이라는 시장의 핵심 요소를 공공정책에서 활용하는 데 국한될 수도 있고, 민영화와 같이 완전히 시장 체제를 통하여 공공서비스가 생산·공급될 수 있도록 개편할 수도 있다. 최근 10여 년 동안 공공 부문 운영 체계에 강도와 내용을 달리하는 다양한 시장 요소들이 이미 도입되어 있으며, 관료제의 병리 문제를 해결하는 데 적지 않게 기여하였다.

전통적인 사회서비스의 공급 방식은 중앙정부가 지침을 통하여 전국 표준적으로 전달하는 것이다. 이러한 방식은 서비스 전달의 안정성과 국가 최저 수준 유지 측면에서는 긍정적이지만 다양한 수요자들의 욕구를 반영하는 데는 한계가 있다.

사회서비스의 다양성에 대응하기 위해서는 기존 전달 방식의 양적 확대뿐 아니라 질적 변화도 동시에 추구하여야 한다. 이를 위한 첫 번째 시도가 분권교부세를 통한 지방 이양이었다. 사회서비스 전자바우처 사업은 중앙정부가 안정적인 재원을 확보하고 기본 방향을 설계하지만 실제 사업들은 지자체와 주민들의 선택을 통하여 추진될 수 있게 '시장' 요소를 도입한 것이다. 이에 따라 소비자 주권과

〈표 4-3〉 사회서비스 공급 방식의 유형

<table>
<tr><th colspan="2" rowspan="2">유 형</th><th colspan="2">주 체</th><th rowspan="2">위험
요소</th></tr>
<tr><th>중 앙 (안정성)</th><th>지 방 (다양성)</th></tr>
<tr><td rowspan="2">수
단</td><td>권력
(표준, 독점, 비영리)</td><td>장기요양 서비스
자활후견 서비스</td><td>밑반찬 지원
경로당 지원</td><td>정부
실패</td></tr>
<tr><td>시장
(선택, 경쟁, 이윤)</td><td>사회서비스
전자바우처 사업</td><td>장애인 이동 차량
지하철 무임승차</td><td>시장
실패</td></tr>
<tr><td colspan="2">위험 요소</td><td>중앙실패
(경직·획일·통제)</td><td>자치실패
(외부성·정치성·격차)</td><td></td></tr>
</table>

시장의 효율성 장점이 기대된다. 하지만 다른 이면에서는 시장실패와 중앙실패의 쟁점 역시 잠재되어 있다.

다른 한편으로 사회서비스의 영역별로 다양한 형태의 시장 특성이 적용된다는 점에 유의할 필요가 있다. 정광호(2007)와 최재성·장신재(2001)에서 체계적으로 정리되어 있듯이, 원칙적으로 바우처가 제대로 정착되기 위해서는 관련 서비스의 시장이 충분히 형성되어 있어야 한다. 경제학 교과서에서는 시장의 조건으로 다양한 시장 공급자(경쟁 조건)와 소비자의 충분한 상품 정보 인지(소비자 선택) 요건이 있다. 따라서 바우처는 시장 여건이 성숙되지 않은 경우에는 효과적이지 못한 정책 수단이다.

하지만 현실의 정책과 학문에서의 논리적인 비판은 구분할 필요가 있다. 현실에서 시장은 원칙에서 모두 망라하기 힘들 정도로 다양한 형태를 가지고 있다. 바우처와 시장 요건에 대한 논의들은 기본적으로 완전경쟁시장의 조건을 강조한다. 하지만 현실적으로 일반 상품 시장에서도 완전경쟁시장 체계를 가진 경우는 생각만큼 많지 않다. 시장은 독점시장에서 완전경쟁시장에 이르기까지 다양한 형태가 있다. 국가와 시장의 양 극단에서 정책을 결정하기보다는 유연한 연속선상에서 합리적인 대안을 모색할 필요가 있으며, 특히 시장 특성에 따라 정부가 다양한 시장관리 수단을 운용하여 시장의 위험 요소들에 대하여 사전 대응하는 역할이 중요하다.

바우처에서 이용할 수 있는 가장 기본적인 시장 특성이란 이용자와 공급자가 가격을 염두에 두고 자유롭게 상호 선택한다는 것이다.[2] 이에 따라 제공 기관-수급자(클라이언트)의 전통적인 관계들이

2) 2007년도의 사회서비스 전자바우처 사업에서는 현실 여건상 (복수로 제공 기관이 지정되어 있어도) 행정구역 내 단일 공급자뿐인 경우가 많다. 하지만 이용자

공급자–수요자로 전환될 수 있다. 이와 같은 시장 참여자의 선택 행위에 따라 이용자와 공급자 모두 적정 가격과 품질 관계를 인식하고 내부 혹은 외부적으로 경쟁 상태를 유지·활성화하는 효과가 창출되는 단초들만 확인될 수 있어도 충분한 의의를 가진다.

그런데, 공급자도 수요자를 선택할 수 있다는 바우처의 특성이 사회복지 서비스와는 양립하지 않을 수 있다는 비판도 있다. 국민(특히 취약 계층)의 일상 생활에 필수적인 사회서비스가 공급자의 기피 때문에 제공되지 않을 수 있다. 또한 공급자는 성과 창출이 상대적으로 쉬운 이용자를 의도적으로 선별하여 특정 서비스만을 공급할 수 있기 때문에 바우처의 정책 효과들이 과대 평가될 가능성도 있다. 따라서 사회서비스 공급에서는 수요자 방식이 타당한 영역들이 제한될 수 있기 때문에 한쪽 수단이 다른 쪽을 대체한다는 극단적인 접근은 위험하다. 따라서 공급자 지원 방식과 수요자 중심 방식에 대한 적정 수준에서의 균형 유지가 매우 중요하다.

2. 효율적 관리를 위한 대안, 전자바우처

1) 소비자 선택에 기초한 바우처

일반 서민 모두를 대상으로 하는 보편적 사회서비스에서 새로운 시스템이 필요한 가장 큰 이유 중 하나는 관련 서비스를 이용하는 잠재 수요자의 규모와 서비스 내용의 다양성 때문이다. 전통적인 잔여적 복

가 해당 제공 기관과 서비스 이용 계약을 체결하고 서비스를 자율 선택하면서 소비자 중심 방식으로 서비스 전달 방식이 전환되었다. 이러한 경우는 독점기업을 통한 '시장' 공급 방식이라고 할 수 있는데, 이는 바우처를 적용하기 때문에 가능하다.

지 서비스는 주로 한정된 범위의 기초생활 수급자에 초점을 맞추는데, 우리나라의 경우 전체 인구의 3% 정도가 여기에 해당된다. 그리고 관련 서비스는 빈곤선 이하에서의 표준화된 국가 최저 수준 유지에 그치는 경우가 많다.

하지만 취약 계층을 넘어 일반 서민 모두를 대상으로 하는 사회서비스는 최소한 전체 인구의 60% 이상(평균 소득 이하)이 정책의 대상자가 된다. 수천만 명의 잠재적 수요자에 대한 서비스를 위하여 정부가 민간 복지기관을 중심으로 하는 공급자 방식을 설계하기에는 너무나 많은 전달 비용이 수반된다. 또한 일반 서민들이 일상 생활에서 지원되어야 하는 사회서비스의 유형과 수준이 다양하여 공급자 중심의 표준화된 집권적 관점에서는 효과적으로 대응할 수가 없다. 소비자의 선택이 보장되고 지방자치단체가 주도적으로 해당 지역사회와 주민들에게 필요한 서비스를 결정할 수 있는 분권화된 시장 지향 시스템이 구축되어야 한다.

이를 위한 효과적인 서비스 전달 수단이 바우처이다. 복지정책에서 소비자 주권과 자율적인 선택을 강조하는 바우처 방식에 대하여 전통적인 사회복지학의 관점에서 평가는 부정적인 경우가 많다. 주요 선진국에서는 1980년대 재정 위기를 극복하기 위한 수단 중 하나로서 복지 예산의 총량을 축소하고 주 및 지방정부에서는 수급권자들에게 서비스 선택의 자율성을 확대하면서 바우처 제도를 확대하였다. 두 정책이 반드시 연계된 것은 아니지만 복지국가 재정 위기 국면에서 사회복지 서비스 전달 체계 개편 과정에 많이 사용되었다.

재정 지원 총량 감소와 이용자 혹은 지방정부의 선택 재량을 교환하는 방식은 사회적 효용 확대라는 신고전경제학의 보수주의 논리에서 적극적으로 옹호되었던 정책 수단이다. 하지만 전통적인 사회복지의 관점에서 바우처는 국가의 사회복지 책임 회피를 위한 변명적인 수단이며 취약 계층을 복지 사각지대에 남겨둘 수 있는 위험한 정책 수단이라는 비판을 제기할 수 있다.

표준화된 기초복지 서비스를 안정적으로 공급하여야 하는 경우에는 바우처가 효과적이지 못할 수 있다. 자기 의사결정이 완전하지 못한 사례에서는 수급권자의 선택이 기대되는 시장 합리성을 갖추지 못하고 오히려 다양한 형태의 시장실패 부작용만 창출할 가능성이 높기 때문이다. 하지만 신공공관리주의에 기반한 정부혁신에서는 사회서비스 전달의 혁신적인 수단으로 바우처 제도의 효율성과 유용성을 강조한다. 분야별로 구체적인 실증 효과에 대한 논란은 아직 지속되고 있으나 최소한 시장에서 합리적인 경제 활동을 선택할 수 있는 일반 소비자들을 대상으로 하는 사회서비스 영역에서 바우처 제도의 효과성을 입증하는 연구가 적지 않다.

그런데, 중요한 것은 바우처 제도 자체가 아니라 이를 도입하는 사회복지 서비스 정책의 영역이다. <표 4-4>와 같이 바우처 방식이 효율적이라는 미국의 실증 연구도 있고 영국의 교육정책에서와 같이 부작용에 대한 비판도 있다(김종해, 2007). 정책 영역과 정책 수단의 합리적인 균형 조합이 필요하다. 보건복지부의 전자바우처 사업의 경우, 합리적인 시장기구에 익숙한 일반 서민들을 위한 사회 기반 확충과 관련된 사회서비스에서는 표준화된 공급기관 중심의 획일적인 서비스보다는 바우처를 통한 소비자의 선택과 다양성 확보 정책이 효과적이라는 전제가 설정되었다.

사회서비스에서 바우처 방식이 국내에서는 아직 익숙하지 않아 시기상조라는 비판이 있으나 최근 중앙정부의 각 부처에서는 다양한 형태의 바우처 제도들을 시범적으로 도입하고 있다는 점을 감안하면

〈표 4-4〉 뉴욕 시 직업훈련 프로그램의 성과 비교

항 목	바우처(A)	계약(B)	A/B
참여자 수	1,942명	1,722명	1.1
참여자 1인당 비용	3,445달러	6,130달러	0.56
총 프로그램 실시 비용	6,690,198달러	10,862,290달러	0.62
프로그램 이수 후 직장 배치율	82%	74%	1.11
직장에서의 시간당 평균 임금	13.59달러	11.18달러	1.22

자료: Savas(2002), 정광호(2007) 재인용.

〈표 4-5〉 국내 바우처 제도 운영 현황

(단위: 억 원)

사업명	주관 부처	2006 예산	사업명 (2007년 신규)	주관 부처	2007 예산
주택전세 임대사업	건설교통부	88	노인돌보미	보건복지부	322
물류 전문인력 양성	〃	4	장애인 활동보조	〃	296
농업인턴제	농림부	3.5	산모·신생아 도우미	〃	151
창업농 후견인제	〃	3.5	지역사회서비스 혁신사업	〃	771
농업경영 컨설팅	〃	44	노인실비입소이용료	〃	152
국제결혼여성 한국어교육	문화관광부	15	장애인선택적 복지	〃	295
문화 바우처	〃	26	방과 후 수강권	교육인적자원부	900
여행 바우처	〃	20	입양아 무상교육	〃	4
임산부 영유아 영양 지원	보건복지부	46	입양아 무상보육	여성가족부	11
생물다양성 관리계약	환경부	9	장애아동양육 지원	〃	23
환경친화형 배합사료 지원	해양수산부	101	어업 인턴제	해양수산부	1.5
수산물 물류표준화사업	〃	18	창업어가 후견인제	해양수산부	1
중소기업자 유치 지원	중소기업청	11	국가유공자 취업	국가보훈처	4
중소기업 컨설팅	〃	186			

자료: 정광호(2007).

보건복지부의 바우처 적용은 시기적으로 다른 부처에 비하여 늦은 것이다. 노동부의 직업훈련 프로그램들은 수요자가 자기 선호에 맞는 민간 교육기관들을 선택하는 명목 바우처로 운영된다. 여성가족부의 보육료 지원도 마찬가지이다. 이미 평균 소득 이하 가정 모두에게 시설보육료를 지원하고 있다. 학문적인 용어로서 바우처라는 개념이 최근 부각되었을 뿐 이미 국가 정책에서는 적지 않게 활용되고 있다.

그런데, 보건복지부의 사회서비스 전자바우처 사업과 교육인적자원부의 방과 후 학교 프로그램을 제외한 대부분의 바우처 사업들은 소규모 예산으로 시범적인 사업에 그치고 있다. 또한 수요자에게 직접적으로 할인권을 제공하기보다는 공급기관이 이용자를 확보하고 관련 금액을 정부에 신청하는 명목 바우처 방식으로 운용된다. 따라서 원론적으로 바우처 방식에서 기대되는 다양한 효과들이 충분히 창출되지 못하는 한계가 있다.

반면, 보건복지부의 사회서비스들은 많은 규모의 국민들에게 제공되며 사회정책에서의 특별한 의미들이 부여되는 경우가 있다. 따라서 학문적 혹은 현장에서의 논란들은 다른 부처의 정책에 비하여 상대적으로 더 많이 제기된다. 사회복지 전달 체계와 관련된 국내 각종 논의들은 기존의 중앙정부 중심의 공급자 지원 방식에 국한되어 있으며, 기초복지 서비스 강화에 초점이 맞추어져 있었다. 이러한 가운데 시장과 수요자 중심의 새로운 전달 방식을 본격적으로 현장에 도입하는 과정에서 제도에 대한 내용 이해뿐 아니라 수단의 타당성 혹은 정당성 논쟁까지 동시에 제기되고 있다.

2) 바우처의 세 가지 유형과 전자바우처

바우처는 구매 대금의 실질 지급 대상에 따라 명시적 바우처와 묵시적 혹은 명목 바우처로 구분된다. 전자는 쿠폰이나 카드 등 물리적 형태를 통하여 구매권을 부여하는 것이고, 후자는 직접적으로 개인에게 바우처를 제공하지는 않지만 소비자가 공급기관을 자유롭게 선택할 권한이 보장되고 정부가 공급자에게 비용을 사후에 지급하는 방식으로 운영된다.

명시적 바우처는 소비자에게 지급되는 바우처의 형태에 따라 종이 바우처와 전자바우처로 다시 구분된다. 식품이용권(food stamp)과 같이 일반적으로 알려진 바우처는 종이 바우처로 종이 쿠폰 형태의 구매권을 지급하는 것이다. 반면 전자바우처는 종이 바우처를 전자적으로 구현하여 이용 권한이 설정된 휴대폰이나 신용카드 등을 이용하여 서비스 이용 및 지불 수단으로 사용하는 것이다.

〈표 4-6〉 세 가지 바우처 유형 비교

유 형	전자바우처	종이 바우처	명목 바우처
모니터링	실시간 관리	제한적	불가능
오용가능성	낮음	높음	없음
서비스 양·질	높음	높음	제한적
서비스 제공 대상 확대	용이	용이	제한적
추가 구매 가능성	있음	있음	없음
보조금 유통 투명성	우수	열등	열등

소비자 중심의 사회서비스 전달 체계를 설계할 때 바우처가 사회후생 측면에서 효율적이라는 것은 경제학에서 이미 이론적으로 정리

되어 있다. 하지만 미국의 식품이용권 사례와 같이 바우처 방식은 정책 현장에서 사후관리 문제가 쟁점이 되고 있다. 소비자는 지급받는 바우처를 현금으로 전환하여 정부가 의도한 필수 서비스를 구매하기보다는 다른 목적으로 사용하려는 유혹을 받기 쉽기 때문이다.

이에 따라 국가는 바우처로 지원되는 사회서비스가 원래 설계한 대로 관련 서비스의 구매에 이용하는지 여부를 정밀하게 추적하여야 하는 모니터링 업무 부담을 가지게 된다. 결국 바우처가 소비자 주권과 시장 거래의 효율성 측면에서 효율성은 있지만 부정 사용 관리를 위한 행정비용이 수반되면 반드시 효율적인 전달 수단이라고만 평가하기는 힘들게 된다. 이러한 문제에 효과적으로 대응할 수 있는 최선의 방안은 종이 쿠폰이 아닌 전자카드를 이용하는 전자관리 방식을 도입하는 것이다.

3. 사회서비스 전자바우처 시스템의 내용과 특성

1) 전자바우처 시스템 설계의 초점

우리나라의 사회복지 분야에서 바우처 제도는 시기상조라는 비판도 있지만, 사회서비스 공급과 관련하여 많은 정부 부처와 다양한 분야에서 바우처 방식을 활용하고 있다. 보건복지 분야에서도 형태와 내용은 달라도 바우처 제도 자체는 이미 도입하고 있다. 다만 보편적 서비스를 지향하고 다양한 서비스를 공급하면서 상대적으로 많은 수의 일반 국민들을 대상으로 전자바우처 방식이 처음으로 시도되었다는 점이 특징적이다.

보건복지부의 전자바우처 시스템에는 기존의 복지 전달 체계와는 다른 세 가지 특성이 설계되어 있으며, 이러한 내용의 중심에 사회서비스관리센터가 설치·운영되고 있다.

첫째, 수급자-제공 기관의 수직적인 이용 구조가 상호 선택이 가능한 수평적인 수요자-공급자로 구성된 사회서비스 시장 구조를 설계·형성한다. 즉 수요자들에게 바우처 혹은 이용 포인트(쿠폰)가 담겨진 전자카드를 발급하고 이를 통하여 공급기관을 선택하여 서비스를 이용하고 해당 비용을 결제해 주는 방식을 설계하였다.

둘째, 새로운 중앙전산망을 구축하지 않고 지방자치단체가 이미 사용하고 있는 복지전산망을 그대로 이용하면서 보건복지부와 자동적으로 업무가 연계될 수 있도록 네트워크형으로 전산 체계를 구축하였다. 이 과정에서 제도 초기에는 전산망 연결에 따라 입력 자료 누락 등과 같은 기술적인 문제점이 발생하였으나 정책이 정책되면서 시·군·구 전산 담당 기관과 유기적인 업무 연계를 통하여 적극적으로 대응하고 있다.

셋째, 공공 부문과 민간 금융 전산망을 결합하는 새로운 복지급여 관리 시스템을 구축하였다. 독립적인 바우처 결제 시스템을 구축할 경우에는 수백억 원의 시스템 개발 비용이 소요되지만 기존 민간 전산망을 활용하면 관련 경비를 대폭 절감할 수 있다.[3] 또한 개인 정보 보호나 시스템 안정성 등에서 상대적으로 양호하게 운영되고 있는 민간 금융전산망을 활용하기 때문에 전산관리 비용 절감 효과도 창출되었다. 향후 이와 같은 방식이 생계 급여나 장애수당 등 각종 복지수당 지급에도 활용되면 일선 지자체의 복지행정 부담을 대폭 경

---

3) 민간은행의 결제 시스템을 이용하면서 단말기의 구입 및 유지관리 비용과 함께 결제 금액의 1.5%의 결제 수수료가 부과되는데 새로운 시스템 구축에 따른 유지 관리비용을 감안하면 상쇄될 수 있는 수준이다. 다만, 이 내용을 바우처 가격에 충분히 반영할 것인지 아니면 제공 기관의 영업비용으로 부담하게 할 것인지에 대한 논의는 지속되고 있다,

[그림 4-3] 소비자와 시장 지향적 전자바우처 시스템의 기본 논리

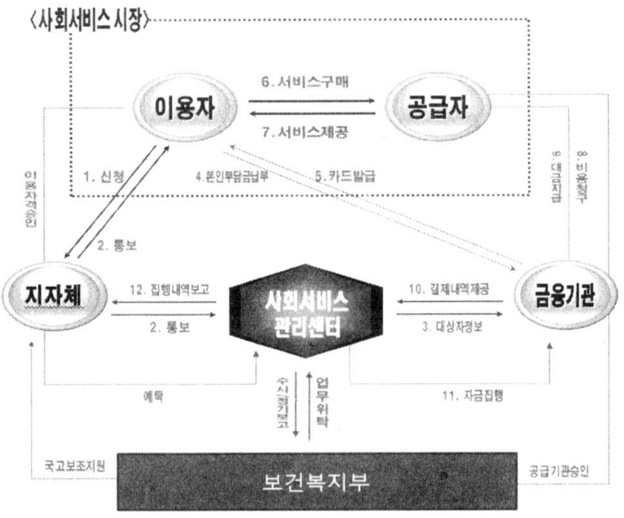

[그림 4-4] 전자바우처 카드와 전용 단말기

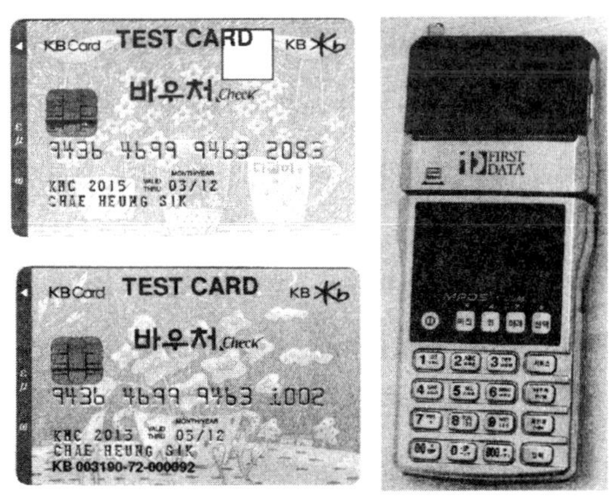

감시킬 수 있게 된다. 이른바 현재 지방자치단체가 담당하는 전통적인 국고보조금의 지급과 정산 업무가 중앙의 전산화된 금융결제 시스템으로 대체되는 것이다.

2) 전자바우처 시스템의 내용

전자바우처 방식의 핵심은 전산카드와 휴대용 결제 단말기이다. 보건복지부와 지자체가 제공하는 사회서비스가 설계되면 지자체는 주민들에게 신청 접수를 받는다. 이후 서비스 적격 대상자들에게 은행의 신용카드나 체크카드 그리고 바우처 전용 카드 중 하나가 발급된다. 보건복지부에서는 서비스 공급기관(도우미)들을 위하여 휴대용 결제 단말기를 개발·보급하여 서비스 구매·결제 과정을 전산화하였다. 이에 따라 우선적으로 바우처 유통·관리에 소요되는 행정비용이 대폭 절감되는 효과가 기대된다.

이용자와 공급자들 간에 발생하는 거래 내역들은 은행 전산망을 거쳐 사회서비스관리센터의 전산 시스템에 집적된다. 이를 통하여 서비스 내역과 사용량, 결제 금액, 제공 기관 및 도우미의 기본 정보를 실시간으로 파악할 수 있다. 금융기관의 신용카드 부정 사용 방지 시스템을 활용하고 센터의 정기적인 모니터링 활동을 통하여 부정 사용을 최소화할 수 있다. 사회서비스 보조금의 지불·정산 업무를 좀더 투명하고 효율적으로 수행하는 장점이 부각되는 시스템이다. 나아가 관련 서비스 제공 내역이 센터의 데이터베이스에 집적되어 체계적으로 분석되면서 사례관리를 통하여 장기적인 정책 방향 설정을 지원하는 부수적인 효과도 창출할 수 있다.

전자바우처 제도의 운용 체계는 복잡하지만 시장의 개별 주체들에게 해당되는 사항은 간단하다. 서비스 이용을 희망하는 일반 서민들

[그림 4-5] 사회서비스 전자바우처 운용 흐름도

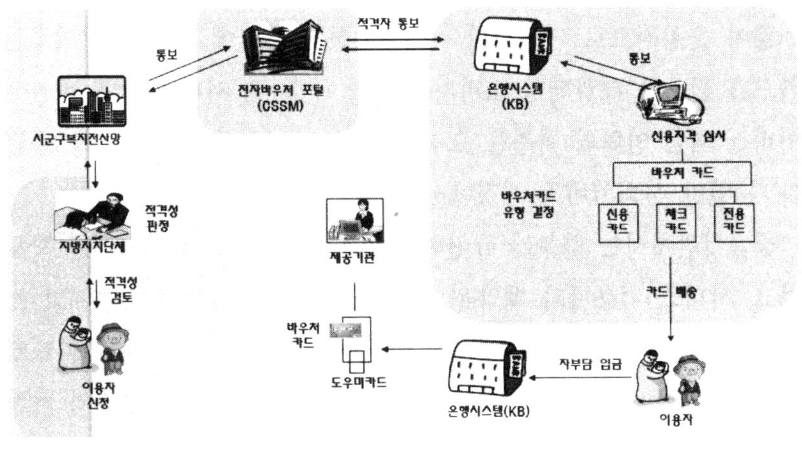

[그림 4-6] 사회서비스 전자바우처 통합 시스템

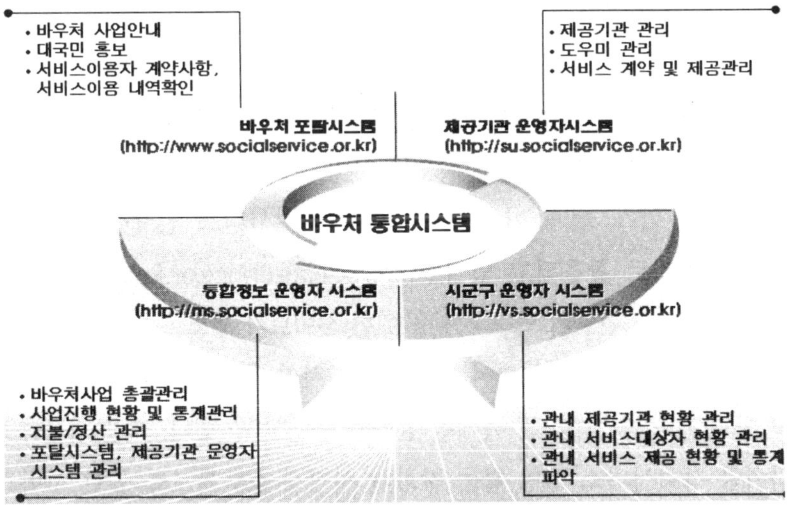

은 해당 관할 읍·면·동 사무소에 서비스를 신청하고 적격성 여부를 판정받아 은행에 자부담분을 납부하면 된다. 이후 절차는 전산 시스템이 순차적으로 지원한다. 본인의 신용 등급에 따라 전자바우처 카드가 집으로 배달되며 소비자는 관할 구역 내 서비스 제공 기관에 서비스 제공 인력의 파견을 요청하면 된다. 사회복지 서비스의 '수급자'가 일반 사회서비스 시장에서의 '소비자'로 전환되는 것이다.

공급기관에서는 정부가 규정한 일정한 자격을 갖춘 돌보미를 확보하고, 서비스 이용자가 계약을 신청하면 이동식 단말기를 가지고 소비자의 가정을 방문하여 서비스를 제공하고 이용자의 바우처 카드로 대금을 결제하면 된다. 이후 대금의 지불은 신용카드 가맹점과 마찬가지로 서비스 제공 기관별 서비스 내역이 전산으로 확인되어 5일 이내에 은행으로부터 일한 만큼 계좌 입금을 받는다.

이와 같은 전자바우처 운영 시스템으로서 사회서비스관리센터에서는 이용자, 공급기관, 시·군·구, 그리고 보건복지부의 정책관리를 위한 네 가지 업무 시스템을 구축·운용하고 있다.

첫째, 이용자가 본인의 이용 내역과 잔여 한도액을 실시간으로 확인할 수 있는 전자바우처 포털을 구축하였다. 이 포털에서는 지역별로 이용 가능한 전자바우처 사업에 대한 소개와 제공 기관의 위치를 확인할 수 있다. 현재 이용자 사이트는 사회서비스 전자바우처의 대표 홈페이지로 활용되고 있다(www.socialservice.or.kr).

둘째, 제공 기관들의 업무 지원을 위한 사이트가 별도로 제공된다. 제공기관들을 이 사이트를 통하여 고객관리, 종사자 재직관리, 급여관리, 그리고 사회서비스의 기획 및 마케팅 활동을 수행할 수 있다. 제공 기관들로 하여금 사회서비스 경영 활동 강화와 시장경쟁력 확보를 통한 서비스 역량 강화를 지원하는 부수적인 효과도 기대된다(su.socialservice.

or.kr).

셋째, 지자체가 자기 지역에서 운영되고 있는 사회서비스 전자바우처 사업들을 총괄 확인할 수 있는 사이트도 제공되었다. 이를 통하여 바우처의 지불 정산 업무가 전산화되어 행정관리 부담이 최소화될 수 있으며, 사회서비스 이용 사례 관리뿐 아니라 지역경제와 사회서비스 산업을 연계하는 정책관리 효과가 창출될 수 있다(vs.socialservice.or.kr).

넷째, 보건복지부와 사회서비스관리센터는 정책을 총괄 관리하는 시스템을 운영한다. 이를 통하여 사회서비스 전달 비용을 최소화하고 지역별 사회서비스 실수요를 실시간으로 분석하여 체계적인 성과관리가 가능하게 된다. 또한 지역별 수요 파악이 용이하여 지역의 서비스 욕구와 소비 수준을 고려한 유연한 재원 배분이 가능하게 된다(ms.socialservice.or.kr).

한편, 전자바우처 제도의 경우, 사회복지 보조사업에서 시・군・구의 행정 기능이 기존 방식과는 완전히 달라진다. 일반적인 국고보조사업에서는 중앙정부가 시달한 표준적인 지침에 따라 지자체가 집행계획을 수립하면 국고보조금이 교부되고 지방비 부담분을 합하여 복지 서비스가 대상자에게 제공된다.[4] 이후 지자체에서는 수시 혹은 정기적으로 집행 상황을 중앙정부에 보고하고 회계연도 말에 국고보조금 사용 내역에 대하여 정산 보고 업무를 수행하여야 한다. 이와 같은 일련의 절차를 수행하면서 지자체는 중앙정부의 일선기관으로 기능하게 된다.

사회서비스 전자바우처 사업에서 지자체는 업무 및 보조금 집행

---

4) 보건복지부의 사회서비스 전자바우처 사업의 기준 보조율은 7:3이며, 서울은 5:5이고 재정력이 취약한 신활력 지역에 대해서는 8:2의 보조율을 적용하고 있다.

내역을 보고하여야 하는 일선행정 기능보다는 지역 주민을 위한 다양한 서비스를 발굴·공급하고 주민들이 실제 서비스를 이용한 내용들을 보고받는 정책 결정 기능을 담당하게 된다. 지불·정산과 관련된 행정 업무는 전자바우처 사업 관리기관인 보건복지부 산하의 (재)사회서비스관리센터가 총괄 담당한다.

3) 전자바우처 시스템의 세 가지 특징적 기술 요소

전자바우처 시스템에서는 기존 유사 시스템과 구분될 수 있는 세 가지 기술적인 특징이 있다.

첫째, 상호 인증 시스템을 적용한 전용 단말기를 개발하였다. 소비자가 특정 시설이 아닌 거주하고 있는 가정에서 서비스를 이용할 때, 돌보미의 휴대용 전용 단말기를 통하여 사용자 카드와 돌보미 카드를 동시에 인증받아야 서비스가 승인된다. 이에 따라 돌보미의 신분확인 및 보장이 가능하여 방문 서비스에서 이용자 안전을 확보할 수 있으며, 바우처 카드 사용의 오·남용을 사전에 방지할 수 있다. 따라서 전자바우처 사업에서 부정 이용을 시도하려면 단말기를 관리하는 제공 기관, 돌보미, 그리고 이용자가 모두 담합하여야 가능하다. 현실적으로 이와 같은 부정 이용 사례는 아직 확인되지 않고 있어 서비스 공급의 투명성이 확인되었다.

둘째, 지역사회서비스 혁신사업에서는 포인트 결제 방식을 도입하였다. 종이 바우처는 특정 상품에 대하여 특정 수량만 이용할 수 있다. 하지만 보건복지부의 전자바우처는 포인트로 전환된 표준화된 결제 수단을 적용하여 다양한 형태의 사회서비스를 소비자가 원하는 수준에서 이용할 수 있다. 나아가 자기 부담 수준에 따른 자발적인 추가적인 서비스 구매도 가능하다. 즉, 자기 부담 수준을 소비자가 스스로 결정하여 바우처 카드의 포인트로 전환하면 고급화된 다양한 수준의 서비스를 이용할 수 있다. 실제 한 장의 바우처 카드로 두 가지 이상의 서비스를 동시에 이용하는 사례도 있다. 기존의 종이 바우처에서는 정부 지침에 따른 획일적인 서비스 양과 질을 소비할 수밖에 없었는데 이와 비교하면 부각되는 특징 중 하나이다.

셋째, 신용카드의 부정 사용 방지 기능과 결제 서비스가 적용되어 지출의 투명성과 편리성을 제고할 수 있다. 자부담을 납부하지 않으면 단말기를 통하여 바우처가 생성되지 않고 카드 등록 지역과 이용 지역 그리고 이용시간대가 실시간으로 파악되기 때문에 부적격자의 서비스 이용을 사전에 방지할 수 있다. 또한 서비스의 제공 기관에서는 이동 단말기를 통하여 결제 승인을 받으면 5일 이내에 서비스 비용을 자동으로 청구·지급받을 수 있다. 종전의 경우에는 월별로 서비스 사용 실적을 지자체에 보고하여야 관련 비용을 지급받을 수 있었지만 신용카드 결제 방식을 사용하면 이러한 절차가 생략된다.

다만 신용카드와 단말기를 통한 지불 정산 시스템이 반드시 효과적인 것은 아니다. 사회복지 서비스를 이용하는 수요자들이 관련 분야에서 신용카드 결제 방식에 익숙하지 않아 발생되는 과도기적 쟁점들이 나타나고 있다. 신용카드에 대한 심리적인 부담 때문에 카드가 집으로 우송되면 내용 확인 없이 그대로 폐기한다는 사례도 적지 않았다. 또한 카드 결제에 따른 수수료를 부담하여야 하고 본인 확인이 되어야 카드의 수령 및 등록이 가능한 점 등과 같은 절차적 쟁점도 있다.[5] 노인돌보미 서비스에서 특히 많았다. 농어촌 지역에서는

5) 현실적으로 이와 같은 절차가 이행되지 않은 상태에서 서비스를 신청할 경우도 계속 발생하고 있다. 이에 따라 보건복지부에서는 잠정적으로 우선 서비스를 먼저 제공하고 이용 실적에 대해서는 사후에 수기 청구를 통하여 계좌 입금을

지리상 특성상 본인 수령 조건이 있는 신용카드 수령 방식이 불편한 경우도 적지 않았다. 본인부담금을 특정 은행에서만 입금하여야 하는데, 농어촌 지역에서는 해당 은행의 지점이 충분하지 않다. 타행 입금을 하면 이체수수료도 적지 않은 부담이 된다.

전자바우처 방식에서 가장 큰 쟁점이 되고 있는 것은 단말기에 대한 것이다. 서비스를 제공하는 종사자들은 휴대용 단말기를 지참하고 가정을 방문하며 일한 만큼 정확하게 시간대로 결제하는 작업들에 익숙해지기가 쉽지 않다. 제공 기관들의 입장에서는 단말기의 유지운용비도 적지 않은 부담이 된다. 서비스의 이용자가 충분한 경우에는 바우처 가격에 단말기 운용 비용이 포함되어 있어 적정 수입을 확보할 수 있지만 그렇지 못한 경우에는 전자결제 방식이 오히려 비효율적이게 된다. 특히 잠재적 이용 고객층이 적은 농어촌 지역에서 이와 같은 쟁점들이 지속적으로 제기되어 별도의 정책적인 고려가 요구되고 있다.

4. 주요 국가의 전자바우처 사례[6)]

1) 미국의 전자급부 시스템 기본 현황

미국에서는 전자급부 시스템(EBT: Electronic Benefits Transfer)을 이용하여 각종 사회서비스를 제공하고 있다. 푸드 스탬프와 같은 바우처 프로그램은 2004년 미국 전 지역에서 EBT 방식으로 전자화되었다. 나아가 각종 연금이나 실업급여 등 각종 현금 서비스와 WIC

하고 있는데 금액의 규모에서는 전체 1% 이내이다.

6) 주요 국가의 사례는 정광호(2007), 유한욱(2006)과 관련 인터넷 사이트 내용들을 정리하였다.

(Women Infants and Children) 등 관련 현물 서비스를 EBT로 통합하여 운영하는 사례가 증가하고 있다.

전자급부는 연방정부가 직접 지불하는 방식(Direct Federal Payments)과 연방정부가 지원하고 주정부가 관리하는 방식이 있다. 17개 주정부는 육아 지원, 실업 급여, 직원 급료 등에서 선불카드 방식도 활용하는데, 2001년부터 정부의 급여 지원 방식을 기존의 종이 체크(payroll check)에서 선불카드로 전환하였다.

현재 미국의 사회서비스 전자 전달 방식에는 전자급부 시스템(EBT), 직접 예금 방식(Direct Deposit) 또는 전자기금 시스템(EFT: Electronic Fund Transfer), 전자이체 계정(ETA: Electronic Transfer Account), 선불카드(Pre-paid Account) 등의 네 가지 방식이 있다.

전자급부 시스템(EBT)에서는 정부가 후원하고 소유하는 전자 계좌에 사업 집행 부서에서 수혜 금액을 예치하고, 수혜자는 정부가 발행한 직불카드를 이용하여 물품을 구입하도록 한다. 이러한 전자급부 시스템은 바우처 프로그램과 접목되어 전자바우처로 활용되기도 한다. 전자급부 시스템에 현금보조 기능이 더해져 전자기금 시스템(EFT)과 결합된 형태가 운용되기도 한다. 전자급부 시스템은 주로 은행 계좌를 개설하기 어려운 취약 계층을 대상으로 시행되며 주정부의 푸드 스탬프, 극빈자 의료 지원 프로그램, 육아지원 프로그램 등과 결합하여 시행된다.

직접예금 방식 또는 전자기금 시스템(EFT)은 정부가 전자결제기관(ACH: Automated Clearing House)을 이용하여 직접 수혜자가 소유하고 있는 은행 계좌에 수혜금을 이체하는 방식으로 거래 비용이 낮아 효율적이다. 다만 이러한 시스템을 운영하기 위하여 수혜자는 ACH 방식을 이용할 수 있는 금융기관에 계좌를 가지고 있어야

〈표 4-7〉 미국의 전자바우처 유형

유 형	설 명	특 징
EBT (Electronic Benefits Transfer)	-정부가 후원하고 소유하는 전자 계좌에 특정 정부가 수혜 금액을 예치하는 방식 -수혜자는 정부가 발행한 직불카드를 이용하여 구입 가능 -바우처 프로그램에 접목되어 전자 바우처로 활용됨.	-EFT 시스템과 바우처로 지급되는 수혜들(benefits payable)의 결합으로 보는 견해도 있음. 이는 미국의 경우 EBT 시스템에 현금보조 기능이 더해지고 있기 때문임.
Direct Deposit 또는 EFT (Electronic Fund Deposit)	-지급자(정부)가 전자결제기관을 통하여 수혜자 소유 은행 계좌에 수혜 금액을 직접 전자 계좌 이체하는 방식 -거래비용이 가장 낮은 방식	-수혜자에게 ACH 신용을 이용할 수 있는 금융기관 계좌를 요구 -수혜자는 EFT 방식으로 급여를 받고 금융기관에 필요한 정보를 제공하여야 함.
ETA (Electronic Transfer Account)	-수혜자가 은행 계좌를 소유하고는 있지만, 미국 재무성이 허가하는 최소한의 기능만 가진 은행 계좌를 이용하는 방식 -연방정부 수혜금 수령시: 연금, 각종 재난 지원금	-재무성이 선정한 금융기관 목록에서 수혜자가 금융기관 선택 -재무성은 재무성이 12.26달러의 계좌 개설 비용 지급 -신용 상태와 무관하게 연방정부 현금 서비스 수혜 자격이 있으면 개설 가능
Pre-paid Account	-지급자가 수혜자의 이익을 위하여 계좌를 열어 주고 수혜금을 예치해 주는 방식 -수혜자는 전자 직불카드만 이용 가능 -VISA나 Master Card 전산망 이용 -이자 없음.	-지급자가 금융기관을 선택, 금융기관 비용 부담으로 수혜자에게 직불카드 발행 -직불카드만 이용(신용카드는 불가) -수혜자 서비스 범위는 금융기관의 재량 -EFT나 EBT에는 적용되는 추가 수수료 부과 금지와 같은 규제가 적용되지 않음.

하며, 계좌 개설을 위하여 금융기관에서 요구하는 정보 제공에 동의하여야 하는 등 다소 까다로운 절차를 거쳐야 한다.

전자이체 계정(ETA) 방식은 재무성이 수혜자의 은행 계좌에 직접 이체하는 방식으로 연방정부가 수혜금을 지급할 때 이용하는 시스템이다. 수혜자가 수급 자격이 있으면 최소 기능을 가진 은행 계좌를 개설하여 연금, 각종 재난 지원금 등을 수령할 수 있다. 수혜자가 직접 금융기관을 선택하여 계좌를 개설할 수 있고, 정부에서 계좌 개설 비용을 지급하기 때문에 (1계좌 개설시 12.26달러) 수혜자가 상대적으로 간편하게 이용할 수 있다.

선불카드 방식은 정부에서 금융기관을 직접 선택하고 수혜자 이름으로 직불카드를 발행하고, 일정 급여를 예치한다. 수혜자는 전자 직불카드를 이용하여 급여를 이용하고, 수혜자가 이용한 금액은 비자나 마스터 카드사의 전산망을 이용하여 처리한다. 이 때 수혜자가 이용하게 되는 금융기관의 서비스 제공은 금융기관의 재량에 따라 제공할 수 있다. 또한 전자급부 시스템, 전자기금 시스템에 적용되는 '추가 수수료 부과 금지'와 같은 규제가 적용되지 않는다.

2) 메릴랜드 주 전자바우처 사례

메릴랜드 주 인적자원부(DHR: Department of Human Resource)는 1993년 4월부터 푸드 스탬프 프로그램과 보육 지원 프로그램 등에 실시되고 있는 168,000가구, 59만 달러의 사회서비스 정책에 종이 쿠폰 대신 전자급부 시스템을 도입하였다. 전자급부 프로그램을 실시한 1년 후에 푸드 스탬프 프로그램과 보육 지원 프로그램의 수급자인 168,000가구와 3,300개의 식료품 상점들, 은행 출납원 등 은행 관계자들을 대상으로 한 달 동안 설문조사를 실시하였는데, 분석 결과 대부분의 수급자들과 이들이 이용하는 상점의 판매자들, 은행 관계자들이 이전 방식보다 전자급부 시스템을 더 선호하였다.

전자급부 시스템은 전자 시스템을 통하여 데이터를 관리하기 때문에 기존 종이 쿠폰과 종이 수표 발행 방식에 비하여 시스템의 오류(error)와 부정 사례(fraud)가 현저히 감소되는 것으로 나타났으며, 전자급부 시스템은 비용이 3.78달러(per case per month)로 기존의 종이 쿠폰과 종이 수표 발행 방식의 비용 3.92달러(per case per month)보다 낮아 예산 집행에 경비 절감 효과도 나타났다.

3) 캘리포니아 주의 전자바우처

캘리포니아 주에서 실시된 전자급부 시스템은 기존의 바우처 프로그램 외에 실시되는 현금 지원 서비스에 전자급부 시스템을 도입하여 예산을 집행할 경우 비용 절감 효과를 창출한 사례이다. 로스앤젤레스와 샌프란시스코의 경우 종이 지급 방식의 비용을 1건당 약 2.50달러로 계산하고, 오하이오 주의 사례를 바탕으로 전자 지급 방식의 비용을 1건당 4.5센트로 계산하였다. 현재 실시되고 있는 캘리포니아 주 사회보장 프로그램을 종이 지급 방식에서 전자 지급 방식으로 전환할 경우 연간 137,854,284달러로 예산 절감 효과가 있는 것으로 추산되었다.

이와 같은 비용 절감 효과 외에도 현금 지원 서비스가 수급자에게 전달되는 시간이 감축되고, 전자 메일로 되어 발송시 분실 위험의 감소하였으며, 거래 내역이 전자 데이터로 기록되어 현금 지원 서비스의 부정 사용이 감소하는 효과가 나타났다.

2. 영국의 아동보육 바우처

영국에서는 아동보육을 지원하기 위하여 아코르 서비스(Accor Service)를 실시하고 있는데, 1989년 제도 도입 당시에는 종이 형태의 아동보육 바우처로 운용되었다. 이후 2004년 'Direct Stored Value System'을 도입함으로써 전자 형태의 바우처가 시행되었다. 종이 혹은 전자 아동보육 바우처는 국방부(Ministry of Defence), 국민건강보험신탁(NHS Trusts), 내각부(The Cabinet Office), 그리고 스코틀랜드 로열은행(Royal Bank of Scotland)과 같은 영국의 주요 기업과 공공기관에서 서비스를 제공·공급하고 있다. 아코르 서비스는 아동보육 바우처와 이용자들(예: 맞벌이 부부, 아동보육 서비스 제공자)을 위한 '최고의 생산성과 서비스 제공'에 목표를 두고 있다.

처음의 종이 바우처는 급여 형태로 제공되기 때문에 수혜자들이 쉽게 사용하였으며, 수혜자가 종이 바우처를 사용한 사업장 고용주도 관련 제도에 대한 이해가 높아 아동보육 종이 바우처의 정책 시행과 집행이 쉽게 이루어졌다. 종이 바우처의 발급이 빠르게 이루어졌으며 최소한의 행정 절차를 통하여 수혜자에게 직접 제공되었기 때문에 수혜자의 만족도가 높았다.

종이 바우처는 수혜자의 급여 수준이 따라 다르게 지급된다. 예를 들면 수혜 대상 예정자가 서비스를 신청한 후에 수혜 대상 예정자 급여의 세액 수준과 기관 내의 이익 수준에 따라 결정되었다. 아동보육 서비스를 이용하기 위하여 수혜 대상 예정자가 신청할 경우 서비스 동의, 계약 개정, 관할 세무서의 통지 및 등록 절차가 요구된다. 이러한 심사 절차가 끝난 후, 수혜 대상 예정자의 요구에 따라 수혜 장소 및 지불액이 결정된다.

전자바우처는 종이 바우처의 대안으로 도입되었다. 전자바우처는 기존에 이용된 종이 바우처에 비하여 더욱 빠르게, 최소한의 행정절차를 통하여 수혜자에게 지급되었다. 전자바우처도 종이 바우처와 마찬가지로 수혜 대상 예정자가 서비스를 신청한 후에 수혜 대상 예정자의 급여의 세액 수준과 기관 내의 이익 수준에 따라 결정된다. 아동보육 서비스를 이용하기 위하여 수혜 대상 예정자가 신청할 경우 서비스 동의, 계약 개정, 관할 세무서의 통지 및 등록 절차가 요구된다. 이러한 심사 절차가 끝난 후, 수혜 대상 예정자의 요구에 따라 수혜 장소 및 지불액이 결정된다.

사회서비스 제도 이용을 원하는 피고용인들은 직접 아코르 서비스에 등록하거나 고용주들에 의하여 가입할 수 있다. 서비스 등록 후에 서비스 이용을 선택한 피고용주들에게는 자택으로 우편물(parent pack)이 배달된다. 우편물에는 이용자들이 연락할 수 있는 아동보육 담당자의 목록, 개별 회원 카드, 그리고 제도 안내 편지가 배달된다. 개별 회원 카드에는 개인의 고유 ID와 개인 계좌번호가 인쇄되어 있다.

아코르 서비스의 홈페이지를 통하여 개인 정보를 입력하고, 자신에게 맞는 서비스를 요청하면 서비스가 제공된다. 이 과정은 DSV라 불리는 아동보육 바우처 시스템(Childcare Vouchers System)에 업로드를 하는 과정이다. 작업 규정이 명시되어 있는 본인 부담금 내역은 전산 시스템 혹은 ARS를 통하여 이용자가 선택한 아동보육 서비스 제공자가 직접 작성하며, 아동보육 서비스 제공자는 BACS를 통하여 임금이 지급된다.

아코르 서비스 시스템에 축적되어 있는 전자정보를 통하여 이용자는 아동보육 서비스 제공자를 선택할 수 있는 기회가 확대되고 서비스 이용자의 가정 혹은 직장에 근접한 위치에 있는 서비스 제공 기관을 편리하게 찾을 수 있다. 서비스 제공 기관으로 등록된 기관은 보육시설, 유아원, 유치원, 탁아소, 보모, 아기 돌보미, 방과 후 클럽, 휴일이나 주말의 놀이활동 클럽 등과 같이 다양하다.

3. 호주의 액세스 카드 시스템

호주는 보건사회 서비스의 새로운 전달 체계로서 액세스 카드(Access Card)를 도입하여 시행하고 있다. 호주의 전자바우처 형태는 우리나라와 유사한 전자식 카드 시스템이다. 전자식 카드는 "빠르고 효과적으로 보건, 참전 군인 및 사회서비스의 접근"을 돕고자 개발되었다.

전자 바우처 관리·책임기관은 연방정부의 사회서비스국(Department of Human Service) 산하 액세스 카드관리센터(The Office of Access Card)이다. 센터는 ① 카드 전달과 관련한 전략과 제안의 제공, ② 카드의 등록, ③ 지불 등 관리 수행, ④ 프로그램의 모니터링과 평가, ⑤ 서비스 제공과 관련한 법적 문제 대응 등의 업무를 수행한다.

전자바우처의 형태로 운영되는 전자식 카드는 신분증이나 신용 카드와는 별도로 사용되며, 카드는 오직 서비스를 이용하는 경우에만 사용된다. 카드는 개인 사진과 서명이 포함된 카드 형태를 가지고 있다. 서비스 제공자는 전자카드 리더기나 LCD 플레이어를 장착한 휴대용 단말기를 통하여 이용 정보를 표시한 후 카드 소유자의 개인 등록번호(PIN)를 통하여 승인·결제가 이루어진다.

자연재난이나 긴급 상황에는 직불카드와 같은 방법으로 긴급 지불번호를 사용하여 자동적으로 기금을 전환하여 긴급지불이 가능하도록 한다. 액세스 카드의 정보 업데이트는 서비스 제공자와 기관의 참여로 온라인 상태에서만 가능하며 전자식 카드 시스템에 의해서만 초기화된다.

카드의 도난이나 분실 등을 우려하여 카드에는 고유의 칩이 내장되어 있고, 칩에는 암호화된 키와 개인의 비밀번호, 보안구역 등의 시스템으로 보호된다. 칩 설계자는 방화벽으로 분리된 구역에 정보들을 저장하는 칩 보호 시스템을 갖추고 있다. 또한 카드는 도용하거나 정보를 해킹할 수 없도록 디지털 사인이 포함되어 있다.

액세스 카드는 현재 새로운 사회서비스 전달 체계로 개발 및 도입이 검토되고 있다. 호주 정부는 정부정책의 효과적이고 효율적인 수행을 위하여 사회서비스 전달 체계인 센터링크(Centrelink), 의료보험국, 참전용사국, 아동지원국 등 다른 사회서비스 기관에 확대 시행을 검토하고 있다. 액세스 카드에 대한 계획과 평가는 호주의 사회서비스부(Department of Human service) 이외에도 재정경제부, 감사국, 내무부 등 다른 행정 부서의 검토를 받도록 되어 있다.

호주 정부는 카드를 알리는 데 4년간 10억 9백만 파운드의 정부예산을 편성하였으며, 현재 액세스 카드와 관련하여 인터넷 홈페이지(www.accesscard.gov.au)를 개설하여 카드 시스템을 소개·홍보하는 사이트로 이용하고 있다. 2006년 카드 시스템을 개발·완료하였으며, 2007년 6월 12일 '액세스 카드 법안(access card bill): 서비스 전달 체계 강화와 관련된 법'이 통과되었고, 2008년에 시범적으로 시행될 예정이며, 2010년까지 사회서비스 제공에 의무적으로 사용될 예정이다. 전자카드는 서비스 제공자와 서비스 대상자를 점차적으로 확대하여 호주에서 제공하는 대부분의 사회서비스로 확대될 예정이다.

5

사회서비스 전자바우처 제도의 집행 과정과 성과

1. 모두들 힘들었던 2007년: 선례도, 참고할 사례도 없었다

1) 정책 결정과 시스템 구축

새로운 사회적 위기에 대한 적극적 대응과 새로운 사회서비스 전달 체계 구축의 필요성에 대해서는 공감이 이루어진 상황이었지만 이를 구체적으로 추진하는 방법을 찾는 것은 쉽지 않은 작업이었다. 우리나라에서 유사한 방식을 도입하였던 선례도 그리고 참고할 만한 외국 사례도 없는 가운데 2006년 10월부터 시작하여 6개월 만에 1단계 작업이 완료되었다. 당연히 참여자 모두에게 생각보다 힘들었던 과정들이 이어졌다.

사회서비스 확충의 필요성은 2006년 9월, 대통령 업무보고 이후부터 본격적으로 강조되었다. 이를 바탕으로 보건복지부에서는 같은 해 7월 사회서비스혁신추진단을 설치하고 전자바우처 시스템을 구축하기 위하여 팀장 1명 팀원 5명으로 태스크포스(T/F)를 구성하였다.

또한 전문가의 컨설팅을 받으며 액션러닝 그룹을 형성하여 단계적으로 나타나는 문제점을 확인하고 본격적인 업무 개발에 들어갔다.

그런데, 목표 시스템을 개념화는 하였지만 구체적인 추진을 위하여 참고할 만한 적합한 사례가 국내외적으로 없었다. 외국의 사례도 일부 유사성이 있으나 노인돌보미 같은 개인 서비스가 아닌 경우가 많고 참고할 수 있는 자료도 한정되어 있었다. 따라서 금융 카드를 기반으로 하는 장애인 LPG 카드, 화물차 유가보조금 카드 등의 사례를 분석·적용하면서 필요한 내용을 만들었다.

사업의 기본계획을 수립하고 전자바우처 주거래은행 및 바우처 설계를 시행한다는 것은 시간의 제약상 촉박하여 실질적으로 사업을 시행할 수 있을지 여부에 대하여 외부 전문가는 물론 보건복지부 내부에서도 회의적인 시각이 지배적이었다. 실행계획을 마련하고 주거래은행 선정 절차, 사업 설명회, 바우처 기본 설계를 불과 1개월 안에 진행하였다. 이러한 과정에서 프로그램 개발자와 매일 계속되는 미팅, 계약 협의 등을 추진하였는데 단기간의 신속한 작업들이 오히려 높은 집중력을 발휘하여 2007년 4월부터 시스템을 가동할 수 있는 전산 기반을 만들었다.

전자바우처 통합 시스템이 기본 설계에 들어가면서 대상자 선정을 맡게 될 지방자치단체 공무원이 사용하여야 할 시스템 구축이 중요한 쟁점이 되었다. 보건복지부에서는 기존의 복지 대상자 관리를 위하여 사용중인 시·군·구 복지행정 시스템에 필요한 기능을 구현하는 것이 가장 효과적이라고 판단하고 행정자치부 행정정보화팀과 업무를 협의하였다.

당시 행정자치부에서는 시·군·구 복지행정 시스템의 개발이 완료되고 고도화 사업을 착수중에 있어 신규 개발이 어려운 상황이었지만 사업의 필요성과 지자체 일선 공무원들의 업무 경감을 위하여 적극 개발에 참여하였다. 또한 행정정보공유추진단과의 협의, 대전IDC 통합전산센터의 기관 코드 등록을 위한 표준화 팀과 협의 등을 거쳐 2개월 간의 시·군·구 시스템 개발이 이루어졌다.

2) 지역복지서비스정책관실과 사회서비스관리센터의 설치

전산 시스템 구축 못지않게 복잡한 것은 공식적인 운영 조직을 설계하는 작업들이다. 초기 보건복지부의 담당 조직은 임시적으로 설치되었기 때문에 공식조직이 신설되어야 했다. 기존 직원들이 보직만 이동하였기 때문에 공무원 수가 늘어난 것은 아니지만 새로운 조직을 신설하는 것은 쉽지 않은 일이다. 전자바우처 사업의 담당 부서로서 지역복지서비스정책관실이 보건복지부의 정식 직제로 전환된 것은 사업이 한참 진행중인 2007년 7월이었다.

우리나라의 정부 부처 조직은 정책의 환경적인 지향과 특성에 따라서 수시로 개편되며 순환보직 특성상 담당 인력은 1~2년 주기로 바뀐다. 이러한 조직 및 인사 제도의 관행으로는 안정적인 시스템 운영이 불가능하다. 따라서 불가피하게 전자바우처 사업을 총괄 지원하는 외부 전문 위탁 기구의 설치가 필요하였다.

새로운 위탁 기구를 설치하기 위해서는 관련 절차를 거쳐야 한다. 노인돌보미 사업의 신청 접수가 4월부터 시작된다는 점을 감안하면 그 기간 내에 독립 자격을 갖춘 민간 기구를 신설한다는 것은 불가능하였다. 또한 1단계 시범사업이기 때문에 사업의 지속 가능성도 확인되지 않은 가운데 조직부터 만들 수는 없었다. 이에 따라 기존에 설치되어 있는 보건복지부 산하기관에서 이 업무를 위탁 수행하는 방식을 구상하고 한국노인인력개발원 부설 기구로 사회서비스관리센터를 설치하였다. 센터는 부설기관이지만 센터장은 보건복지부 장관이 임명하고 센터의 조직, 인사 그리고 예산 운영 등의 업무는 센터장이 독립적으로 수행하도록 위탁계약이 이루어졌다.

전자바우처 결제기관으로서 국민은행을 선정한 이후, 3월 1일자로 센터장을 위촉하였다. 노인인력개발원의 회의실을 임차하여 센터장과 사무처장을 제외한 직원 10명이 신규 채용되었다. 4월 1일부터 노인돌보미와 장애인 활동보조 바우처 사업의 신청이 시작되기 때문에 센터 직원들은 신규 채용의 여유도 없이 본격적으로 업무에 투입되었다. 센터는 전산관리, 제공 기관 관리, 그리고 연구분석과 지역사회서비스 혁신사업의 개발 지원 기능을 수행하도록 조직하였다.

지자체의 지불 정산 업무를 중앙에서 일괄 지원하는 방식의 전자바우처 제도에서는 사회서비스관리센터로 업무가 집중되었다. 센터는 자체적인 내부 운영 규정을 마련할 틈도 없이 일부터 시작하였다. 지자체와 제공 기관 그리고 이용자 모두가 익숙하지 않는 새로운 정책이기 때문에 문의 전화는 폭주하였다. 센터 직원 역시 새로운 사업에 대한 인식이 충분한 것은 아니었다. 사업을 진행하면서 당초 예상하지 못했던 실무 쟁점들이 발생하였고 현장에서 신속하게 대응책을 마련해야 하였다.

시스템 구축과 보완을 위하여 3명의 전산 팀원들은 사무실보다는 시스템 개발 현장에 나가 있는 경우가 더 많았다. 행정자치부와 국민은행의 전산망을 이용하기 때문에 비용은 절감될 수 있었지만 네트워크 연계에 따른 전산관리 업무에서 당초 기대 이상으로 부하가 발생하였다. 상호간에 현실 시급성을 인식하는 강도가 달랐고 각자의 개별적인 네트워크 특성이 있어서 바우처 사업만을 강조할 수는 없었다.

5명의 기획팀은 본인들의 업무가 숙지되었던 동시에 제공 기관과 지자체에 대하여 제도를 설명하고 정책을 홍보하는 데 정신이 없었다. 신청 첫 달에 신청률이 목표 인원의 7%에 불과하였기 때문에 언론으로부터 많은 비판이 있었다. 기존의 전통적인 복지 서비스와는 다른 방식으로 운영되면서 발생하는 현장에서의 애로 호소들은 기획팀으로 집중되었다. 연구조사팀은 지역사회서비스 혁신사업과 관련한 지자체 협의 업무가 집중되었지만 2명에 불과한 직원으로는 감당이 되지 않았다. 복지부와 센터가 사업 운영에서 한 개의 조직으로 움직이지 않으면 정상적 집행이 불가능한 상황이었다.

이와 같은 상황들은 업무가 진행되면서 추가적으로 7명의 인력을 채용하고 민원 응대를 위한 임시 콜센터를 설치하였다. 별도 독립공간으로 사무실을 이전하였던 7월 중순 이후부터 초기의 혼란이 어느 정도 진정되기 시작하였다. 전자바우처 100일을 맞이하면서 시스템의 기본적인 기능이 정착되었고 제공 기관과 언론의 비판적 인식도 많이 줄어들었다. 제1단계 사업이 안정화되면서 보건복지부에서는 사회서비스관리센터를 별도의 재단법인으로 전환하기로 하였다. 11월 2일 법인설립준비위원회를 구성하고 1처 1단 3개 팀 정원 21명의 규모로 12월 24일에 보건복지부의 승인을 받았다. 센터의 운영비 전액이 국고 보조로 지원되기 때문에 이사장과 센터장은 임원추천위원회의 추천을 통하여 보건복지부 장관이 임명한다.

3) 지자체에 대한 정책 설명과 공감대 형성

사회서비스 전자바우처 사업을 위한 국비 1,540억 원이 2006년도 정기국회에서 확정되면서 본격적인 정책 집행 단계로 접어들었다. 노인돌보미와 장애인 활동보조를 희망하는 지역 주민들이 4월 1일부터 10일 동안 읍·면·동 사무소에서 서비스를 신청하여 적격 판정을 받고 은행에 자부담을 납부하면 4월 중으로 바우처 카드가 개인별로 가정에 배달된다. 이후 신용카드와 마찬가지 방식으로 카드를 해당 카드사(국민은행)에 등록을 하면 5월 1일부터 제공 기관으로부터 서비스를 받을 수 있다.

대부분의 사회서비스 정책이 그러하듯이 이와 같은 일련의 과정에서 지자체와 제공 기관의 현장 역할이 중요하다. 하지만 전반적으로 새로운 정책을 추진하는 분위기는 우호적이지 못했다. 지자체 입장에서는 최근 몇 년 동안 사회복지 행정 업무가 급증하여 주어진 한정된 인력만으로는 기존의 업무도 감당하기 힘든 상황이었다. 더욱이 민간 복지기관에 지침을 주고 보조금을 지원하던 일반적인 공급자 방식이 아닌 수요자들에게 바우처를 지급하는 새로운 방식이 쉽게 수용되지 못했다.

더욱이 촉박한 일정으로 전산 시스템이 개발되어 완전한 상태가 아니었다. 5월부터 본격적으로 서비스가 제공되면서 단말기 결제와 전산 시스템 오류, 이용자 카드 발급의 오류 등과 같은 기술적인 문제들이 발생하였다. 당시 정책 관련자 모두가 긴장하였듯이 현장에서의 정책 비판은 상당하였다. 그러나 참여기관(보건복지부, 국민은행, 사회서비스관리센터, 단말기 생산·보급 업체) 전체를 통합하여 태스크포스(T/F)를 조직하여 민원을 전담 관리하고 신속하게 전산 시스템을 정비하면서 초기 단계에 기술적 오류들을 교정하였다.

전자바우처 방식에서는 국고 보조에 따른 지불 정산 업무와 정기 혹은 부정기적인 현황 보고 업무가 생략된다. 그만큼 행정관리 부담이 최소화될 수 있도록 중앙 일괄 결제 및 지원 체계를 설계하였다. 그렇다고 지자체의 업무가 없는 것은 아니다. 보편적 서비스이기 때문에 신청 자격을 가진 주민들의 규모가 상당하다.

이에 따라 이용자들이 서비스를 신청하면 적격 여부를 판정하여야 하고 각종 문의와 민원에 개별적으로 응대하여야 한다. 또한 제공 기관들에게 사회서비스 시장과 경쟁이라는 낯선 상황을 설명하여야 하고,[1] 바우처 방식을 적용하는 신규 사업의 향후 지속 가능성, 그리고 다른 사회복지 서비스 제공 방식에 미치는 영향과 우리나라 복지정책의 기조 변화 등에 이르기까지 대한 제반 사항 모두를 설명하여야 한다. 하지만 일선 현장의 지자체 공무원 역시 이 제도가 낯설기는 마찬가지였고, 전통적인 사회복지와 보편적 사회서비스의 차이나 사회 기반 정책에 대한 이해가 부족하였다. 당연히 현장에서의 불만은 상당하였다. 이에 대한 대안은 교육과 홍보뿐이었다.

보건복지부에서는 2월부터 지방자치단체 담당 공무원들에게 전체 회의와 권역별 교육을 실시하여 새로운 수요자 지원 방식의 전자바우처 사업과 관련 전산 시스템을 설명하였다. 또한 7월부터는 보건복지인력개발원에 사회서비스 실무 과정을 신설하여 네 차례에 걸쳐 4일 동안 지자체의 전자바우처 담당자들에 대한 실무교육을 실시하였다. 다행히, 일선 공무원들의 초기 비판이 적지는 않았지만 새로운 사회 위기에 대한 사회적 기반 투자와 그 핵심으로서 사회서비스 그리고 현명한 전달 체계로서 전자바우처에 대한 체계적 홍보와 교육

---

1) 공급자 지원 방식의 전통적인 사회복지 전달 체계에 익숙해져 있는 상태에서 시장과 수요자 중심 방식을 적용하는 것은 쉽지 않은 작업이었다. 기존에는 관할구역별로 국고보조금과 대상자 규모가 배정되면 지역 내 복지기관에 예산을 지원하고 대상 인원 수를 할당하고 서비스를 제공하도록 지시하면 되었다. 제공기관에 대해서는 행정 및 회계 감사를 실시하여 기본 지침 준수 여부를 엄격히 관리하였다. 하지만 수요자 방식에서는 복수로 제공 기관을 선정하고 상호 경쟁을 유도하였다. 제공 기관들 간에 역할을 분담하도록 유도할 수는 있지만 기본적으로 이용자들에게 서비스의 정보를 제공하고 시장의 경쟁을 관리하여야 하는 좀더 복잡한 고급 업무가 새로 발생하였다.

학습 이후에는 제도의 타당성에 대하여 많이 공감하게 되었다.

한편, 당초 국고 내시가 있었던 노인돌보미와 장애인 활동보조 사업과는 달리 지역사회서비스 혁신사업은 정부 제출 예산안에서 누락되었다가 2006년 10월에 국회가 추가 예산을 결정하면서 확정되었다. 지자체 입장에서는 정부 예산안을 국회에 제출할 때 전달받았던 국고보조 사업이 아닌 상태에서 30%(신활력 지역은 20%) 지방비 부담이 추가로 내시되는 별도의 국고보조 사업이 만들어진 것이다.[2) 사회서비스 확충에 대한 정부의 적극적인 의지가 확인되는 사례이기도 하지만 관련 업무를 수행하여야 하는 지방자치단체 입장에서는 반가운 예산이 아니었다. 더욱이 교과서에도 없는 낯선 전자바우처 방식으로 운영할 예정이기 때문에 현장에서의 불안도 있었다.

지역사회서비스 혁신사업의 경우 대부분의 지자체에서 7~8월의 제1차 추가경정 예산이 있어야 사업이 추진될 수 있었다. 시간적으로 여유는 있지만 사업의 추진 방식과 예산 운영에서 적지 않은 부담이 발생하였다. 이 사업에서는 지자체가 전자바우처 방식이 가능한 사업을 직접 발굴하였다. 기존까지는 중앙정부가 설계한 사업을 단순 수용하기만 하다가 이 경우에는 스스로 기획해야 하였다. 그것도 취약 계층뿐 아니라 일반 서민 전체를 포함하는 보편적 서비스로 설계해야 하였다. 자율성을 대폭 확대한 취지는 좋았지만 일선 공무원의 입장에서는 당장에 추가적익 어려운 업무가 더 가중되었다.

다른 한편으로는 지역사회에서 사업별 시장 수요가 파악되지 못한 상태였기 때문에 자부담이 부여되는 사회서비스 사업에서는 기대만

2) 물론 의무적인 지출 사업이 아니기 때문에 지자체의 선택에 따라 이 사업을 실시하지 않아도 된다. 하지만 지금까지 복지 분야의 국고보조사업을 자발적으로 거부한 사례가 거의 없었기 때문에 지자체의 초기 비판은 상당하였다.

큼 충분한 이용자를 확보하는 것이 쉽지 않을 수 있다. 하지만 당초 계획보다 예산이 적게 집행되면 지방의회로부터 상당한 비판이 예상될 수 있다. 물론 보건복지부에서는 지역별 서비스 욕구에 따라 주어진 배정량에 200%까지 사업을 설계할 수 있게 하였지만 일선 담당 공무원 입장에서는 우선 주어진 할당량을 소진하는 것이 더 급했다.

사업 내용에 따라 사회복지 부서가 아닌 다른 부서(예를 들어 청소년 문화 담당 부서 등)에서 담당하는 것이 효율적인 경우도 있는 등 행정관리 계통도 명확하지 않았다. 새로운 방식은 지역의 관련 학계에서도 낯선 것이어서 지역의 자문가들을 위촉하고 있었지만 현실적으로 충분한 전문가 자문을 구하기도 쉽지 않았다. 보건복지부와 사회서비스관리센터가 중앙의 총괄관리 기능을 수행하고 있어도 232개 지자체 현장 모두를 지원하는 것은 불가능하였다. 이러한 불리한 상황들은 사업 시행 초기에 불만과 비판으로 이어졌다. 하지만 사업을 선도하는 우수 지자체의 실적들이 확인되고 이에 대한 정보가 급속히 확산되면서, 그리고 사회서비스관리센터 연구조사팀의 자문 지원과 지역 주민들로부터의 적극적인 호응이 확인되면서 새로운 사회복지 프로그램이 성공적으로 정착되어 가고 있다.

작은 예산의 1단계 사업이지만 현장에서 정책 및 분위기 변화는 상당하였다. 적극적으로 전산관리 방식을 활용하는 지자체 담당자들은 해당 지역 주민들의 서비스 이용 행태를 분석하면서 사례 관리를 위한 기초 자료로 전자바우처 정보를 이용하고 있다. 지역사회서비스 혁신사업에서는 지자체 스스로 자기 지역에 필요한 사업을 만들고 주민들로부터 정책의 성과를 모니터링하고 있다. 중앙정부의 복지 업무를 단순 대행하는 일선 창구 기능에서 지역사회 서비스 정책을 기획·관리하는 정책관리자로서 그 역할이 전환되는 것이다.

4) 제공 기관의 애로 해소와 적극적 참여 유도

제공 기관들을 설득하고 적극적으로 전자바우처 사업에 참여하도록 유도하는 것은 쉽지 않은 과제였다. 기존 정부 사업에 참여하는 복지기관들은 공급자 지원 방식에 익숙해져 '경영과 서비스 품질' 등을 강조하는 사회서비스 시장 접근은 생소한 것으로 생각하였다.

그냥 두고 보면 옛날과 같이 공급자 방식으로 전환될 것이라는 냉소적 비판에서부터 복지기관이 사회적 기업으로 활성화될 수 있는 좋은 기회라는 적극적 참여에 이르기까지 비영리 사회복지기관의 입장은 상당히 복잡하였다. 노인돌보미와 장애인 활동보조 사업은 기존 비영리 복지기관들만 참여하도록 설계하였던 제한된 경쟁 시장에서 운영되었다. 기초적인 사회복지 서비스 특성이 있어서 일반 민간기업들에게 개방하기에는 품질관리에서 우려가 있었다. 하지만 제공기관으로서는 시장의 '선택과 경쟁' 요소가 현장에서 작동한다는 사실 자체만으로도 부담이 되었다.

이용자들이 자신의 의사와 상관없이 일방적으로 서비스를 제공받았던 기존의 공급자 방식과는 달리 자신이 희망하는 일정과 내용을 선택하여 정기적으로 서비스를 제공받으면서 기대 이상의 정책 효과들이 확인되고 있었다. 하지만 이용자들이 유리한 정책의 이면에는 제공 기관과 돌보미 종사자들의 부담이 있었다.

우선 지자체로부터 잠재적 이용자에 대한 정보가 제공되지 않았다. 종전에는 적격자가 사전에 선정·통보되어 이용자 발굴 부담은 없었다. 하지만 시장과 수요자 방식에서는 보편적 사회서비스에서 정보인권 보호 측면도 있지만 복수의 공급기관이 경쟁을 하여야 하는 상황에서[3] 원칙적으로 서비스 신청자에 대한 정보를 제공할 수가 없었다. 따라서 제공 기관으로서는 고객 유치를 위한 마케팅 활동이 필요하였다. 신청자들이 서비스 기관과 돌보미들을 월 단위로 선택할 수 있게 허용하였기 때문에 기존 고객이 지속적으로 서비스를 이용하도록 관리하여야 하는 고객관계관리(CRM) 부담도 있었다.

이용자들이 수급자에서 소비자로 전환되고 적극적으로 사회서비스를 소비하면서 노인돌보미와 장애인 활동보조 사업에서 제공하여야 하는 서비스의 범위가 너무 포괄적이라는 현장의 비판이 제기되었다. 초기 정책홍보에서 시장 수요 발굴을 위하여 "무엇이든 도와 드립니다"라는 표현을 사용한 것이 잘못이라는 지적도 있었다. 기존의 수급자-제공 기관 관계에서는 무료로 도와 주는 외부인에 대하여 서로가 적정 수준에서 암묵적으로 일의 범위가 한정되었지만 자부담을 납부한 소비자-공급자 관계에서는 상황이 달라진다. 서비스 내용에 대한 구체적인 약관이 명시되지 않았고, 그러한 약관이 필요하다는 인식도 못하였던 상황에서 소비자들의 욕구 내용은 많고 강도 역시 높았기 때문에 시장에서의 과도기적 마찰은 충분히 예상되었다.[4] 이렇듯 사업 초기에 제공 기관과 돌보미 종사자들에게는 상당히 곤욕스러운 상황이 지속되었다.

시장 여건이 양호한 대도시 지역이나 전담 직원을 배치하여 적극적인 마케팅과 고객관리 활동을 강화하는 기관들은 사회적 기업으로서 성장 가능성을 확인하였다. 표준적인 정부 지침이 아니라 시장 성

---

3) 생활권역에 따라서는 다른 관할구역의 공급기관들도 제약 없이 시장에 참여하는 경쟁 기업이 된다.

4) 시장의 상품이 아닌 국가가 제공하는 사회서비스에서 소비자 약관이 필요한지 그리고 어떠한 내용을 담아야 하는지에 대한 합의를 도출하는 과정도 쉽지 않다. 현장에서 적응적인 정책집행이 필요한 부분이다. 그리고 사회서비스관리센터에서 발간한 참여자들의 수기 사례에서는 이와 같은 복잡한 상황을 현명하게 대응하였던 좋은 경험들이 풍부하게 정리되어 있다(사회서비스관리센터, 2007).

과에 따라 담당 직원들의 실질 급여가 달라질 수도 있다. 하지만 그렇지 못한 경우에는 바우처 사업에 대한 불만이 상당하였다. 제공 기관 실무자의 인건비가 이용자의 바우처 가격에 담겨져 있기 때문에 이용자 수가 적으면 전담 실무자의 인건비를 확보하기가 쉽지 않다. 이용자들이 지불한 바우처 금액에서 간접경비를 많이 공제하면 돌보미들에게 지급하여야 하는 월급여가 낮아지고 기관들 간에 관련 정보들이 비교되면 일정 규모의 돌보미를 유지하기 힘들어진다.[5] 이에 따라 경영수익 분석이라는 전략기획 관리 기능도 요구되었다.

기존의 사회복지 서비스에서 돌보미는 사회봉사를 위한 자원봉사 성격이 강하였다. 정부의 지침에서 설계한 기관별 서비스 대상 규모와 돌보미 규모에 따라 관련 예산 단가에 맞추어 적절히 사업량을 배분하면 되었다. 공공 근로나 사회적 일자리와 같이 특정 기간 동안만 주어진 예산 범위 내에 운영하는 한정된 한시적 일자리들도 많았기 때문에 인력관리에 대해서는 특별한 쟁점이 없었다.

하지만 전자바우처 사업에서는 돌보미들이 실질적인 근로자로 전환되기 때문에 시장 (경쟁) 실적에 따라 급여가 배분되어야 한다. 또한 1년 내내 일거리가 끊어지지 않는 안정적인 시장 일자리 유지와 적정 급여를 확보하여야 하는 노사관리 부담도 새로 발생하였다. 이와 관련하여 노인돌보미와 장애인 활동보조의 바우처 단가가 적절한

5) 사업 초기에 실무자들에 대한 인건비는 별도로 지급하여야 한다는 주장이 많았지만 기본 경비가 바우처에 담겨져 있기 때문에 바우처 단가의 적정성을 분석하여야 했다. 하지만 민간 유사 시장의 균형을 해치지 않는 범위 내에서 바우처 단가를 높이는 데는 한계가 있어 적정 가격과 품질 구조를 설계하는 것이 쉽지 않았다. 또한 시장 여건이 활성화되기 힘든 농어촌 지역과 도시 지역에 대하여 동일한 기준으로 바우처 가격을 설계하는 것 역시 지속적인 재검토가 필요한 부분이었다.

지 그리고 매년 어느 정도 인상하여야 하는지 등에 대한 논란들도 제기되고 있다. 정부가 예산 형편에 맞추어 적정 수준에서 서비스를 제공하던 기존 방식에서는 발생하지 않았던 시장의 쟁점들이 나타나는 것이다.

제공 기관들의 애로 사항들은 행정관리 부담이 줄어든 전자바우처 방식의 효율성 그리고 사회서비스 시장과 사회적 기업으로서의 기관의 잠재적 성장 가능성 등에 대한 설명으로 풀어 나갔다.

우선, 제공 기관 실무자들에 대한 교육이 가장 시급하였다. 6월 말 기준으로 노인돌보미와 장애인 활동보조 사업을 수행하는 기관은 744개 기관이었다. 돌보미와 활동보조인들에 대해서는 120시간과 60시간의 교육 기준이 있었지만 제공 기관 실무자들에 대한 교육 기준은 없었다. 담당자들은 보건복지부 지침 교육 이수만으로는 새로운 사업에 적응할 수 없었다. 무엇보다 전산 시스템에 대한 이해와 종사자 관리 기술 교육이 필요했다. 이에 따라 사회서비스관리센터에서는 콜센터 운영과 함께 10월 한 달 동안 전국을 6개 권역으로 나누어 726개 기관 852명에 대하여 교육을 실시하였다. 이후 추가 교육 수요가 계속 있어 센터에서 12월 중순에 2회의 추가 교육을 별도로 실시하였다.

전자바우처 사업에 대한 제공 기관들의 반응은 시간이 경과되면서 상당히 차별화되기 시작하였다. 사업 실적이 우수한 기관은 새로운 수요자 방식을 적극적으로 찬성하였다. 제공 기관들은 전자바우처 사업에서 창출한 수익에 대해서는 지자체로부터 별도의 회계감사를 받지 않는다. 비영리기관으로서 자체 규정에 따라 운영하면 되며 암묵적으로는 사회서비스 시장에서 경영 활동에 대한 '이윤'도 인정된다. 또한 서비스 제공 이후 5일 이내에 비용이 지급되기 때문에 지자체에 비용을 신청·정산하여야 하는 행정관리 업무가 없어진다. 돌보미들의 활동 시간들이 전산으로 확인되기 때문에 급여 정산이 자동적으로 이루어질 수 있다. 이와 같은 관리의 효율성 부분들은 사업이 진전되면서 충분히 인정되고 있다.

사업 성과가 양호한 기관들은 시간이 경과되면서 자연스럽게 시장에 적응하고 있었다. 지자체의 관리 감독이 없는 대신 자유롭게 고객 유치가 가능하다. 특히 시·군·구의 관할구역에 대한 제한이 없기 때문에 기존 사업보다 시장 활동 영역 자체가 넓어져 좀더 적극적인 경영 활동 유인이 발생하고 있다. 사회서비스관리센터에서는 이와 같은 장점들을 강화하기 위하여 11월부터 8주 동안 '사회서비스 경영자 과정' 교육 프로그램을 운영하였다. 여기에서는 사회복지 정책에 대한 내용뿐 아니라 마케팅, 고객관리, 품질관리, 회계관리 등과 같은 기업 경영 과목들이 교육 프로그램의 중심 내용이 되었다.

5) 정책홍보와 시장 수요자 확보

시장과 수요자 중심의 전달 체계에서 핵심 중 하나는 주어진 사회서비스를 적극적으로 소비할 수 있는 수요자를 충분히 확보하는 과제이다. 대상자가 비교적 구체적으로 식별 가능한 기존의 저소득·취약 계층에 대한 사회서비스와는 달리 표면적으로 나타나지 않은 잠재적인 시장 소비자를 발굴하여야 한다. 그리고 그것을 위한 전략적인 정보 제공 노력이 필요하였다. 지자체의 담당 부서에서는 저소득 및 취약 계층에 대한 생활정보가 집적되어 있지만 일반 서민들의 사회서비스 욕구에 대한 정보는 없었다. 이러한 상황은 민간 사회복지기관들도 마찬가지였다.

신문과 방송을 이용한 사업 홍보는 시장의 수요자를 발굴하는 데 한계가 있었다. 단지 정부에서 새로운 사업을 한다는 정도의 정보만 제공할 뿐 그것이 당사자 본인을 위한 것이라는 사실을 인식시키지는 못하였다. 그동안 일반 서민들은 정부로부터 개인 서비스를 받아본 경험이 없기 때문에 읍·면·동 사무소에 가서 서비스를 신청한다는 것 자체가 낯설었다. 노인돌보미 사업은 전국 가계 평균 소득 150% 이하, 장애인 활동보조는 소득 수준에 상관없이 설계하였기 때문에 잠재적 수요층이 두터울 것으로 생각하였지만 막상 신청을 받은 4월 첫 달은 전체 예산 목표의 7%에 그쳤다.

시스템을 관리하는 입장에서는 초기 신청률이 낮은 것이 나쁘지만은 않았다. 시범사업 없이 본사업이 추진되기 때문에 첫 달부터 대규모의 신청자가 접수되는 것이 반드시 바람직한 것은 아니었다. 하지만 언론의 반응은 냉혹하였다. 낮은 신청률 때문에 '졸속 시행'과 '탁상 행정'이라는 비판이 지배적이었다. 언론에 대한 설명을 강화하여도 결과는 대부분 마찬가지였다.[6] 제도의 취지는 인정하여도 실제 확인된 신청률 성과에 대해서는 상당히 비판적이었다. 이러한 초기 홍보 부족에 따른 신청률 저조 문제는 전략적인 홍보 강화와 이용자들의 적극적인 인식, 그리고 제공 기관의 마케팅 활동 등을 통하여 점진적으로 해결되고 있다.

무엇보다 사회복지 서비스에서 '자부담'에 대한 설득이 쉽지 않았다. 일부 잠재 수요 계층에서는 소득 수준에 상관없이 일률적으로 자부담이 요구되는 상황도 납득되지 않았다. 보편적 사회서비스로서

---

6) 예를 들어, 서울경제 2007년 4월 17일자, '노인돌보미' 서비스 신청자도 대량 미달 '수요 예측 엉터리' '빈축', 경향신문 2007년 6월 7일자, '탁상'서 헛바퀴 도는 '노인돌보미' 서비스', 한국경제 2007년 5월 6일자, "파리 날리는 '300억짜리 복지사업'" 등의 비판적 보도가 있었다.

자부담이 가능한 이용자가 정책의 일차적 초점이 된다는 설명들은 전통적인 복지 서비스의 관점에서 받아들이기가 쉽지 않았다.

취약 계층이 우선적으로 서비스를 이용할 수 있어야 하며 소득 수준이 낮으면 무료 바우처가 지급되어야 한다는 주장이 많았다. 하지만 노인복지 분야에서 가정봉사원 파견 서비스와 같이 공급자 방식의 무료 프로그램이 있고 자부담이 있는 프로그램은 새로운 형태의 정책이기 때문에 현장의 주장을 그대로 수용할 수는 없었다. 자부담을 통하여 소극적인 수급자가 아닌 시장의 일반 소비자로서 권리를 가지고 정당하게 서비스를 요구할 수 있다는 사회 및 시장 통합 효과에 대한 공감대가 형성되고 후반기에 차상위 계층에 대해서는 자부담을 50% 할인하면서 초기 단계에서 쟁점은 상당 정도 해소되었다.[7)]

[그림 5-] 노인돌보미 서비스에 대한 언론 광고

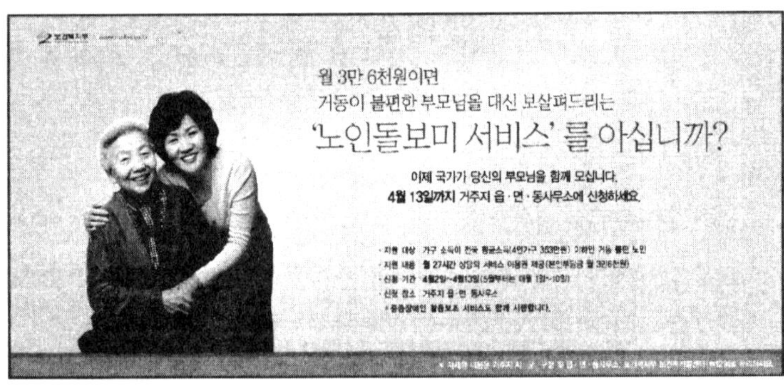

자료: 중앙일보 2007년 4월 9일 광고.

7) 지역사회서비스 혁신사업에서는 자부담과 서비스의 가격을 시장 수요를 고려하여 지역별로 자율적으로 설계하도록 허용하였기 때문에 자부담에 대한 비판은 많지 않았다. 다만 현재 수행되고 있는 사업에서 자부담이 적정한지 여부에 대한 평가는 여전히 해결하여야 할 과제로 남아 있다.

잠재적인 수요자들에게 사회서비스를 홍보하는 작업도 전략적인 접근이 요구되었다. 이용자의 신청이 있어야 하기 때문에 서비스 내용에 대한 국민들의 정확한 인지가 무엇보다 중요하다. 사업 홍보를 위하여 TV와 신문 등 언론 매체 광고뿐 아니라 소비자에게 직접 내용이 전달될 수 있도록 인터넷 배너 광고와 대형 포털 사이트 온라인 회원들을 대상으로 한 타깃 홍보를 병행하였다. 최근에는 수요 부족보다는 예산 부족에 대한 우려가 제기되고 있어 보편적 사회서비스의 적정 예산 규모에 대한 판단이 새로운 정책 과제가 되고 있다.

6) 사회서비스에 대한 학계 논의의 장 형성

사회서비스 전자바우처 제도는 '사회서비스', '전자', 그리고 '바우처'의 세 가지 요소가 동시에 결합한 프로그램이다. 각각에 대한 논의도 충분하지 않은 학계의 현실에서 정부가 먼저 세 가지를 묶어 한 개의 프로그램을 설계·공급하면서 2007년도 한 해 동안 학계에서의 논쟁은 상당하였다. 논란의 중심에 사회복지학계가 있었다. 행정학계나 경제학계에서는 바우처 방식을 통한 새로운 전달 체계 개편이나 시장을 통한 사회서비스 공급에 대하여 특별한 비판은 없었으며 옹호하는 경향이 지배적이었다. 하지만 사회복지학계는 대부분 냉담한 분위기였다.

제도 설명 초기부터 "우리 사회에서 바우처는 시기 상조다." "오히려 비용이 더 든다." "개별적인 특성이 고려되어야 하는 개인 서비스에서 시스템 오류가 발생하면 너무 큰 문제가 된다." "기존 방식이 쉬운데, 보건복지부는 괜히 어려운 일을 사서 고생한다"라는 식의 부정적 반응이 많았다. 이처럼 많은 비판들이 있었는데 그 중에서도 사업의 우선 순위와 시장에 대한 논의들이 활발하였다.

우선 '사회서비스'보다는 '추가적 기초 복지'가 더 중요하다는 비판이 많았다. 우리나라는 주요 선진국과 비교할 때 기초생활보장 수준이 낮기 때문에 보편적 복지로서 사회서비스는 시기상조라는 비판이 있었다. 하지만 새로운 사회적 위기가 중간 계층의 붕괴로 나타나고 있어 일반 서민 모두를 대상으로 사회 기반 투자를 위한 사회서비스의 중요성에 대한 사회적 공감대의 형성이 필요하였다. 또한 두 가지 정책은 (예산 재원 배분에서) 상충되는 것이 아니라 상호 균형을 맞추어 동시에 병행 추진하여야 한다는 적극적 인식이 필요하였다. 이를 위하여 보건복지부에서는 사회 투자와 사회서비스와 관련하여 행정학과 사회복지학 관련 학술대회 그리고 각종 학술 세미나를 통하여 논의를 활성화하였다. 이 부분에 대한 논란은 점차 합의를 형성하고 있다.

둘째, 공급기관의 인프라가 부족한 현실에서 시장과 수요자 중심 방식은 타당하지 않다는 비판이 제기되었다. 여기에 대해서는 가치 판단이 필요하다. 지역별로 공급기관 여건은 상당히 다양하여 획일적으로 평가할 수 없다. 현실적으로 전자바우처 사업의 초기에는 인프라가 잘 구축되어 있는 시설 규모가 큰 사회복지기관들의 참여가 적극적이지 않은 편이었다. 공급기관 인프라 구축이 바우처의 선행 조건은 아닐 수 있었다. 따라서 공급기관을 지속적으로 확충한다는 것은 바우처 방식을 위한 필요 조건이지 충분 조건은 되지 못한다.

다른 한편으로 공급이 수요를 창출하는지, 아니면 수요가 스스로 공급을 창출하는지에 대하여 경제학에서의 오랜 논쟁이 있는데 케인스주의에 따르면 후자가 좀더 현실적인 것으로 인식되고 있다. 바우처가 과연 사회서비스 시장 활성화와 산업화의 대안이 되는지 여부에 대해서는 앞으로 다양한 학제간 연구와 논의가 필요하다.

사회서비스 공급 인프라를 확충하는 예산의 상당 정도는 분권교부세를 통하여 지방으로 이양되었기 때문에 이는 기본적으로 지자체의 기능이다. 따라서 중앙정부의 정책은 공급시설 확충보다는 시장과 수요자 중심 방식에 초점을 맞추는 정부간 사회서비스에서의 역할 분담이 필요하다. 이러한 쟁점 역시 쉽게 결론을 도출하기 힘들며 당분간 구체적인 경험적 증거를 바탕으로 지속적인 학계의 논의가 필요한 부분이다.

셋째, 시장과 바우처는 복지의 공공성을 저해한다는 학계와 시민단체의 주장도 지속되고 있다. 소비자의 선택 확대와 제공 기관 간의 경쟁 활성화를 지향하는 바우처는 사회복지의 공공성을 저해할 수 있다는 비판이다. 주로 미국의 레이건 행정부 시대에서 재정 긴축 국면에서 나타났던 현상이었다. 다만, 최근 주요 국가들은 사회정책 분야에서 신공공관리주의 혁신을 강화하는 추세로 바우처는 혁신적인 사회서비스 전달 수단으로 여전히 주목받고 있다는 인식도 확산되고 있다. 하지만 보편적 사회서비스 영역에서 시장과 바우처의 적정 비중에 대한 논쟁 역시 당분간 지속될 것으로 전망된다.

2. 사회서비스 전자바우처 사업의 성과

1) 노인돌보미 및 장애인 활동보조 사업의 진행률

2007년 4월부터 서비스 신청을 시작으로 본격 실시된 노인돌보미 사업과 장애인 활동보조 사업은 8개월이 지난 11월 말 현재 40,975명의 당초 전체 목표 인원의 84.5%인 34,627명이 신청(적합자 판정자 기준)하여 대체적으로 정상적인 집행률을 유지하는 것으로 평가되고 있다.

〈표 5-1〉 월별 바우처 신청 현황(2007년 11월 말 현재)

(단위: 명, %)

구분	합계(40,975명)		노인(24,975명)		장애인(16,000명)	
	적합자	이용률	적합자	이용률	적합자	이용률
4월	2,816	48.0	1,041	40.6	1,775	52.4
5월	6,046	53.3	2,385	58.6	3,661	49.9
6월	10,463	59.4	5,206	63.9	5,257	55.1
7월	16,202	56.5	9,318	59.9	6,884	51.9
8월	21,242	53.7	13,002	57.9	8,240	47.2
9월	26,704	54.8	16,326	56.9	10,378	51.6
10월	30,761	54.8	18,862	56.2	11,899	52.6
11월	34,627	-	21,251	-	13,376	-
(진행률)	84.5		85.1		83.6	

주: 이용률은 당월 적합자 누계 기준(매월 10일까지 신청하면 다음 달부터 이용 가능). 즉 4월 2,816명의 적합자 중 5월 신청률은 48.0%임.

[그림 5-2] 노인돌보미 및 장애인 활동보조 신청자 추이

(단위: 명)

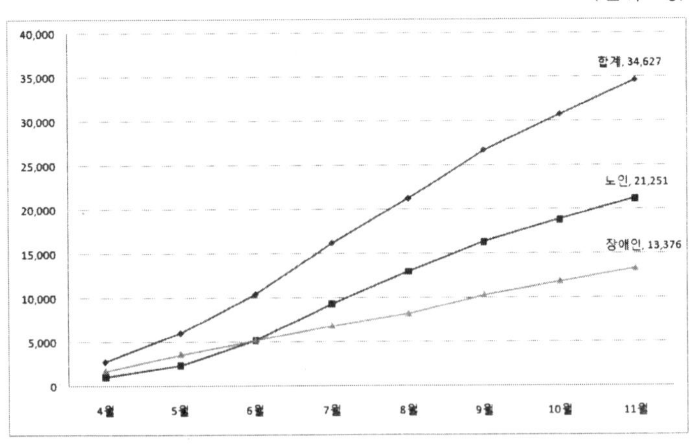

초기에 우려되었던 시장 수요자 확보 부분은 성공적으로 해결되었다. 현재 노인돌보미 사업에서는 장기요양보험 제도와 연계 문제가 쟁점이 되고 있으며, 장애인 활동보조 사업에서는 바우처의 단가와 서비스 공급 시간 등과 같은 기술적인 조정 쟁점이 제기되고 있다. 하지만 제도 자체의 타당성 쟁점은 이미 해소되었다.

노인돌보미 사업의 경우에는 적격 대상자 자격 기준 완화와 함께 시간이 경과되면서 서비스 내용에 대한 인식이 높아져 신청자 수는 지속적으로 확대되고 있다.

4월 처음 신청 기간에는 월가구 평균 소득 80% 이하(4인 가구 기준 353만 원)와 노인요양 필요 점수 45점 이상, 그리고 부양 기준과 재산 기준을 규정하였다. 이후 6월부터는 월가구 평균 소득의 150% 이하(4인 가구 기준 530만 원)와 노인요양 필요 점수 40점 이상, 그리고 재산 기준과 부양 기준을 폐지하면서 적격자 기준을 대폭 완화하였다. 초기에 제한적인 신청 기준에 대한 언론에서 비판이 있었는데, 보건복지부 입장에서 해석하면 사회서비스가 우선 필요한 대상자들에게 먼저 신청 기회를 부여하였으며, 시장 수요를 확인하는 과정에서 자격 기준을 점차 완화한 것이다.[8)]

장애인 활동보조 바우처 사업에서는 장애 등급 기준으로 대상자가 명확하게 설정되기 때문에 잠재적인 서비스 수요 규모 파악은 상대

8) 사업 초기부터 신청 기준을 대폭 완화하고 전략적인 홍보가 필요하였다는 비판도 많았다. 하지만 이는 사후적인 비판이다. 기본 통계 수치 이상으로 실제 시장 수요 규모를 전혀 예측할 수 없는 상황에서 정부기관이 민간 시장의 상품 판매와 같은 적극적인 마케팅 전략을 추진하는 것은 현실적으로 한계가 있다. 더욱이 서비스 수혜 대상이 구체적으로 설정되었던 기존의 복지 서비스와는 달리 자부담을 납부하여야 하는 실수요자들이 선택하는 시장에서의 의사 결정을 기다릴 수밖에 없는 신제품 시장의 수요 특성이 있어 초기 신청률이 낮을 수 있다는 점은 어느 정도 예상된 상황이었다.

적으로 용이하였다. 즉 '장애인복지법'에 따라 등록한 1급 중증장애인 중 '인정조사표'에 의하여 일정 기준 이상이면 서비스를 신청할 수 있다. 사업 초기에 세부 등급별 바우처를 지원할 수 있는 인증 시간에 대한 논란이 있었지만 이후 현장의 요구들을 반영하여 대상자 기준을 조정하였다.

전자바우처 사업에서는 지자체별로 예정된 사업량의 20% 범위 내에서는 지자체의 일선 창구에서 재량으로 적격 여부를 유연하게 판정할 수 있게 지침을 시달하였다. 즉, 보편적 사회서비스의 판정 기준을 기초생활 보장의 경우보다는 유연하게 운영하여 사회서비스에 대한 욕구(need)가 있으면 적극적으로 지원할 수 있도록 하였다.

바우처 카드를 발급받은 적합자들의 서비스 이용률은 월평균 54.4%로서 소비자들의 선호에 따라 사회서비스의 선택적인 소비 활동이 이루어졌다.[9] 이는 기존의 공급자 지원 방식의 경우와 구분되는 수요자 중심 방식에서 나타나는 특징으로 해석할 수 있다.

기존 방식을 적용할 경우 주어진 목표 인원 수가 달성되면 개인별로 12개월 모두 서비스를 이용한다고 전제하여 추가적인 신청자를 접수받지 않게 된다. 이와는 달리 실제 신청자의 100%가 모두 이용하지 않는다면 당초 예산들은 연도 말에 불용액으로 처리되어 반납하거나 다른 사업으로 전용된다. 그만큼 해당 서비스의 공급이 축소

---

9) 노인돌보미 사업의 경우 이용 중단 사유로는 본인 사망과 시설 입소로 인한 장기 사용 중단과 건강 호전이나 거주지 일시 이전에 따른 일시 이용 중단 등이 있다. 물론 자녀나 주변의 권유로 카드는 발급받았지만 이용 방법을 모르거나 다른 사람이 자신의 집안일을 도와 주는 것에 심리적 부담을 느껴 서비스를 이용하지 않는 경우도 적지 않다. 하지만 이러한 경우도 카드를 가지고 있으면 본인이 필요할 때 언제든지 서비스를 이용할 수 있다는 사회안전망의 효과는 충분히 창출된다.

될 수 있다. 하지만 바우처 방식을 이용하면, 예산 당국은 실제로 소요되는 재원만큼 정확하게 예산 재원을 할당할 수 있어 배분적 효율성을 높일 수 있고, 사업 당국에서는 주어진 예산 한도 내에서 좀더 많은 이용자들에게 서비스를 제공할 수 있는 정책의 효율성을 제고할 수 있다.

〈표 5-2〉 노인돌보미 및 장애인 활동보조 사업의 지역별 진행률

(단위: 명, %)

지역	합계(순계)			노인돌보미			장애인 활동보조		
	사업량	적합	진행률	사업량	적합	진행률	사업량	적합	진행률
서울	6,359	4,630	72.8	3,749	2,043	54.5	2,610	2,587	99.1
부산	3,013	2,467	81.9	1,869	1,396	74.7	1,144	1,071	93.6
대구	1,995	1,602	80.3	1,205	981	81.4	790	621	78.6
인천	1,894	1,368	72.2	1,107	699	63.1	787	669	85.0
대전	1,108	811	73.2	621	373	60.1	487	438	89.9
광주	1,026	1,220	118.9	585	680	116.2	441	540	122.4
울산	721	450	62.4	418	195	46.7	303	255	84.2
경기	7,698	5,846	75.9	4,583	3,685	80.4	3,115	2,161	69.4
강원	1,682	1,367	81.3	1,010	950	94.1	672	417	62.1
충북	1,600	1,068	66.8	993	669	67.4	607	399	65.7
충남	2,457	1,702	69.3	1,605	1,193	74.3	852	509	59.7
경북	3,105	2,873	92.5	2,004	2,159	107.7	1,101	714	64.9
경남	3,024	2,670	88.3	1,899	1,794	94.5	1,125	876	77.9
전남	2,541	3,438	135.3	1,653	2,477	149.8	888	961	108.2
전북	2,170	2,416	111.3	1,350	1,642	121.6	820	774	94.4
제주	582	530	91.1	324	259	79.9	258	271	105.0
계	40,975	34,458	84.1	24,975	21,195	84.9	16,000	13,263	82.9

주: 2007년 11월 말 기준.

[그림 5-3] 노인돌보미 및 장애인 활동보조 사업의 지역별 진행률

(단위: %)

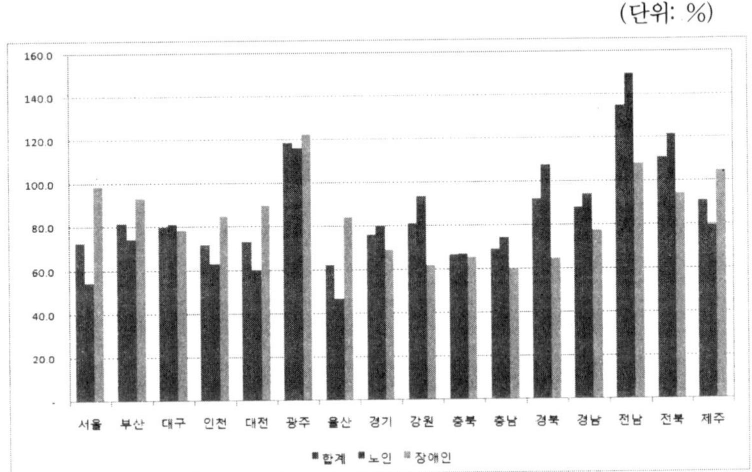

따라서, 바우처 제도가 지속되어 연도별·월별 이용률이 안정적으로 유지될 경우에는 명목적인 행정관리 수요가 아닌 실질적인 시장 수요를 고려한 예산 운영이 가능하고, 주어진 예산 범위 내에서 가능한 많은 이용자들에게 혜택을 줄 수 있다. 이러한 상황들은 지역별·사업별로 다양하게 나타날 것으로 예상된다.

시·도별로 사회서비스의 이용률은 상당히 차이가 발생하고 있다. 일반적인 예상과는 달리 인구가 밀집해 있고 지자체의 재정력이나 공급기관 시설 여건이 상대적으로 양호한 대도시 지역보다는 재정력이 취약한 농촌 지역에서 사업의 진행률이 높다.

결국, 지역별 서비스 수요(욕구), 지자체의 적극적인 관심, 지자체에서 제공하고 있는 (대체 가능한) 각종 사회복지 서비스, 제공 기관의 마케팅 활동 등의 결과들이 이와 같은 진행률 차이를 설명하고 있

다. 순계 기준으로[10] 11월 말 현재 84.1%의 사업 진행률에서 서울의 실적이 특히 낮다. 노인돌보미 사업에서 서울은 54.5%에 불과하다. 이에 따라 당초 노인 인구 수를 기준으로 배정하였던 예산들이 지역별 수요에 따라 조정되어 서울에서 집행되지 않은 예산들은 다른 지역(특히 100%를 초과한 지역)에 추가적으로 배정될 수 있었다.

2) 지역사회서비스 혁신사업의 단계적 추진

지역사회서비스 혁신사업은 표준형과 자체개발형의 두 가지로 추진되고 있다. 전자는 중앙정부가 설계하여 지자체가 선택하는 사업이며, 후자는 지자체가 배정된 예산의 200% 범위 내에서 자율적으로 사업을 설계하여 보건복지부의 승인을 받아 실시한다.

표준형 사업으로 독서 인지 능력 향상과 아동 비만 관리 사업이 결정되어 6월 28일에 보건복지부와 참여 기업체들과 사업 협약식을 가졌다. 자체개발형의 경우에는 지자체에 대한 사업 설명과 지자체의 사업 개발 그리고 보건복지부 및 지자체의 사업 심의와 승인 과정을 거쳐 접수된 411개 사업 중 178개 사업이 1단계로 선정되었다. 이 사업들에 대해서는 7월 달에 바우처 설계가 마무리되어 8월부터 서비스가 제공되었다. 초중고등학교 방학 중에 사업이 추진되어야 하는 경우(예: 원어민 영어캠프 등)에는 명목 바우처 형식으로 7월 말부터 우선 실시할 수 있게 조치하였다.

그런데, 지역별 혹은 사업별로 시장 여건을 고려하면 정부에서 승인한 모든 사업들이 성공한다는 보장은 없기 때문에 (주어진 예산 범

---

10) 순계 기준에서는 <표 5-1>의 총계 기준과 일정 정도 차이가 있다. 현행 제도상 거주지를 이전하면 바우처가 소멸되고 이주한 지역에서 새로 신청하여야 한다. 총계 기준에서는 이 경우 바우처가 2개로 계산되지만 순계 기준에서는 1개로 산정된다.

〈표 5-3〉 자체개발형 사업의 유형별 분포(2007년 12월 말)

(단위: 개, %)

대분류	중분류	소분류(사업 유형 수)	빈도	비중
생활 환경 지원	1.주거환경 지원	11.가구 방역(4)	39	12.5
		12.놀이터 소독(2)	8	2.6
		13.경로당 및 회관 소독(2)	10	3.2
	2.건강관리 지원	21.노인건강(3)	7	2.2
		22.정신건강(3)	1	0.3
	3.돌봄환경 지원	31.부양가족 지원(2)	5	1.6
		32.노인 돌봄(1)	7	2.2
		33.세탁 등(1)	2	0.6
	4.가족문화 지원	41.여행 지원(3)	10	3.2
		42.자기개발(3)	5	1.6
		43.문화생활(3)	7	2.2
아동 능력 개발	5.아동발달 지원	51.영어 능력 향상(3)	58	18.6
		52.체험학습(5)	25	8.0
		53.장난감 및 도서 대여(2)	3	1.0
		54.종합학습(2)	5	1.6
	6.장애아동 지원	61.장애아동 교육(3)	10	3.2
		62.장애용품 지원(1)	2	0.6
		63.장애아동 돌봄(3)	7	2.2
		64.장애아동 건강관리(2)	26	8.3
	7.아동건강 관리	71.정서교정(1)	13	4.2
		72.아동발달 치료(2)	8	2.6
사회 활동 지원	8.자녀 돌봄	81.자녀 돌봄(3)	6	1.9
		82.장애자녀 돌봄(1)	1	0.3
	9.특별가정 지원	91.이민여성 지원(4)	30	9.6
		92.취약가정 지원(2)	3	1.0
	10.고용복지 통합	101.근로의욕 향상(2)	12	3.8
		102.근로능력 향상(1)	2	0.6
합 계			312	100.0

주: ( ) 안은 세세형 분류.

위 내에서) 추가적으로 지역사회에서 수요가 확인되는 사회적 기반 확충을 위한 사회서비스 사업들을 수시로 발굴·승인하고 있다. 2007년 12월 말 현재 자체개별형 사업은 312개가 승인되었다.

시·도별로 사업 유형들이 다양하게 정리되고 있어 지역별 사회서비스 수요의 차별성이 확인된다. 물론 이와 같은 현상의 이면에는 해당 지자체의 사업별 선호나 사회서비스 제공 기관의 여건 등의 영향도 있다. 12월 말까지 승인된 312개 사업들을 유형별로 살펴보면, 주거환경 지원(57개), 아동발달 지원(91개), 장애아동 지원(45개), 특별가정 지원(33개) 등 4개 분야에 226개 사업이 집중되어 있다.

지역사회서비스 혁신사업에서도 지역별 신청자 규모(비중)가 차별적

〈표 5-4〉 자체개발형 사업의 시도별·분야별 분포(12월 말)

분야별 \ 시·도별		서울	부산	대구	인천	광주	대전	울산	경기	강원	충북	충남	전북	전남	경북	경남	제주	합계
생활환경지원	1.주거환경 지원	7		2		5	2		5	5	3	2	9	4	7	5	1	57
	2.건강관리 지원				1		1					1	1	3	1			8
	3.돌봄환경 지원	1				1			2	2		2	1	6				14
	4.가족문화 지원	3	3			2	1		4			2	4	1	2			22
	소 계	11	3	2	1	8	4	0	11	7	3	7	15	14	10	5	1	102
아동능력개발	5.아동발달 지원	15	15	2	3	3	2		13	6	1	3	6	5	15	2		91
	6.장애아동 지원	3	8	8	2	1	2	1	6	3		2	3	1		3	2	45
	7.아동건강 관리	2	2	1			1		4	3	1	3	1	2	1			21
	소 계	20	25	11	5	4	5	1	23	12	2	8	10	8	16	5	2	157
사회활동지원	8.자녀 돌봄								1	3			1		1			7
	9.특별가정 지원	2		1		1	1	2	4		4	1	4	3	2	8		33
	10.고용복지 통합	1	2	1	1	6	1							2				14
	소 계	3	2	2	1	7	2	2	5	3	4	1	5	5	3	8	0	53
합 계(개)		34	30	15	7	19	11	3	39	22	9	16	30	27	29	18	3	312

〈표 5-5〉 지역사회서비스 혁신사업의 지역별 신청 현황(11월 말)

(단위: 명, %)

지역	표준형				자체개발형		합계			인구 수 (2007)	
	아동인지 능력		아동비만 관리								
	공급자	신청자	공급자	신청자	공급자	신청자	공급자	신청자	비중	규모	비중
서울	38	22,530	14	1,175	339	14,123	391	37,828	11.5	9,762,546	20.8
부산	33	19,849	16	432	294	7,030	343	27,311	8.3	3,512,547	7.5
대구	16	17,580	4	40	81	2,041	101	19,661	6.0	2,456,016	5.2
인천	15	7,559	14	293	122	5,629	151	13,481	4.1	2,517,680	5.4
대전	10	10,148	8	242	75	8,285	93	18,675	5.7	1,413,644	3.0
광주	10	5,453	8	70	61	5,544	79	11,067	3.4	1,438,551	3.1
울산	8	4,108	4	67	23	431	35	4,606	1.4	1,044,934	2.2
경기	63	59,942	30	1,636	351	10,351	444	71,929	21.9	10,341,006	22.0
강원	39	6,237	20	198	109	4,165	168	10,600	3.2	1,460,770	3.1
충북	26	6,950	8	51	57	1,360	91	8,361	2.5	1,453,872	3.1
충남	34	10,108	12	39	110	4,139	156	14,286	4.3	1,879,417	4.0
경북	48	17,079	18	362	161	9,108	227	26,549	8.1	1,778,879	3.8
경남	48	18,739	18	297	129	4,065	195	23,101	7.0	1,815,174	3.9
전남	48	5,592	2	12	184	10,812	234	16,416	5.0	2,594,719	5.5
전북	28	11,311	8	208	112	9,035	148	20,554	6.2	3,040,993	6.5
제주	4	2,941	4	56	24	1,669	32	4,666	1.4	530,686	1.1
계	468	226,126	188	5,178	2,232	97,787	2,888	329,091	100.0	47,041,434	100.0

으로 확인되고 있다. 전국 인구의 20.8%를 차지하는 서울특별시의 신청자는 전체 33만 명 가운데 11.5%에 불과하여 노인돌보미의 경우와 비슷한 실적이다. 반면 대전, 대구, 경북 등은 인구 비중 대비 신청자 비중이 월등히 높아 지역사회서비스 사업이 상대적으로 활성화되고 있다.

좀더 구체적으로 신청자 기준으로 사업 유형별·지역별 비중을 살펴보면 사회서비스에 대한 지자체의 관심과 노력 정도를 비교할 수 있다. 표준형은 보건복지부가 개발한 사업을 지자체가 선택만 하면 되지만 자체개발형은 지자체 스스로 사업을 개발하여야 하기 때문에 좀더 적극적인 노력이 요구되는 영역이다.

서울은 전반적으로 신청자 비중이 낮지만 자체개발형은 14.4%로서 상대적으로 높다. 대구의 경우 표준형은 인구 비중보다 높은 7.6%이지만 자체개발형은 2.1%에 불과하여 소극적인 편이며, 경기도 역시 마찬가지 특성을 보이고 있다. 하지만 인천, 대전, 광주, 전북, 전남 등은 이와는 대조적으로 자체개발형에서 적극적인 노력이 확인되고 있다.

〈표 5-6〉 지역사회 서비스의 유형별·시도별 신청자 비중

(단위: %, 명)

시·도	합계	표준형	자체개발형	인구 비중
서울	11.5	10.2	14.4	20.8
부산	8.3	8.8	7.2	7.5
대구	6.0	7.6	2.1	5.2
인천	4.1	3.4	5.8	5.4
대전	5.7	4.5	8.5	3.0
광주	3.4	2.4	5.7	3.1
울산	1.4	1.8	0.4	2.2
경기	21.9	26.6	10.6	22.0
강원	3.2	2.8	4.3	3.1
충북	2.5	3.0	1.4	3.1
충남	4.3	4.4	4.2	4.0
경북	8.1	7.5	9.3	3.8
경남	7.0	8.2	4.2	3.9
전남	5.0	2.4	11.1	5.5
전북	6.2	5.0	9.2	6.5
제주	1.4	1.3	1.7	1.1
계 (규모)	100.0 (329,091)	100.0 (231,304)	100.0 (97,787)	100.0 (47,041,434)

〈표 5-7〉 자체개발형 프로그램 유형별 가격 및 자부담률

(단위: 개, 원, %)

사업별(사업 수)		서비스 가격			자부담률		
		평균	최소	최대	평균	최소	최대
생활환경	주거환경(57)	109,149	16,000	250,000	10.2	4.8	46.5
	건강관리(8)	93,875	30,000	170,000	8.4	5.9	10.0
	돌봄환경(15)	125,000	20,000	270,000	13.3	6.3	30.0
	가족문화(22)	134,864	22,000	240,000	12.5	4.8	20.0
아동발달	아동발달(91)	156,126	10,000	340,000	12.4	1.7	33.3
	장애아동(45)	200,156	20,000	320,000	13.0	1.0	37.5
	아동건강(21)	171,619	50,000	240,000	9.9	1.7	16.7
사회활동	자녀돌봄(6)	403,667	192,000	950,000	25.5	14.6	57.9
	특별가정(33)	155,818	14,000	240,000	10.6	4.8	28.6
	고용복지(14)	198,214	45,000	1,000,000	5.8	-	20.0
전체(312)		156,962	10,000	1,000,000	11.6	-	57.9

주: 30만 원 이상의 사업은 9개이며, 자부담률 20% 사업은 32개임(25% 이상은 12개).

사업별로 서비스의 상품가격과 자부담률은 다양하게 설계되어 있다. 2007년도 312개 사업 전체의 평균 서비스 가격은 156,962원이며 최소 1만 원에서 최대 1백만 원까지 분포되어 있다. 자부담률은 평균 11.6%인데 최고 57.9%까지 분포되어 있다.[11] 서비스 유형별로 가격 차이가 있는데 일반 생활환경 지원 서비스보다는 아동 발달 지원 서비스가 상대적으로 높은 가격을 구성하며, 사회 통합 및 경제 활동 지원을 위한 각종 사업들도 높은 가격의 서비스를 제공하고 있다.

11) 네 가지 특수 사업을 제외한 최대 서비스 가격은 34만 원이며, 별도로 관리하는 맞춤형 고용복지 통합 지원 서비스(무료)를 제외하면 최저 자부담률은 1.0%이다. 또한 특수 사업 2개를 제외한 최고 자부담률은 37.5%이다.

지역사회서비스 혁신사업 중 자체개발형 영역은 지자체에서 서비스 욕구를 고려하여 직접 발굴하고 중앙정부가 사회서비스관리센터를 통하여 행정관리 기능을 지원하지만 생각만큼 쉽게 사업이 추진되는 것은 아니다.

우선 중앙정부가 지자체 사업에 대한 승인권을 가지고 있어 보편적 사회서비스로서 사회 기반 확충 효과가 의심되거나 기존 사업(분권교부세사업과 타부처 사업)과 중복되는 경우에는 사업을 인정하지 않는다.

2007년의 경우 6월 말까지 지자체에서는 자체개발형 사업으로 411개를 신청했지만 43.3%인 178개만 제1단계로 승인되었다. 심사에서 제외된 사업들은 다른 정책과 유사 중복되거나 사회서비스 시장 활성화 효과가 충분하지 않다고 판단된 경우들이다. 지자체 입장에서 사회기반 확충을 위한 사회서비스의 취지와 내용이 충분히 정착되지 않았기 때문이었다. 보편적 사회서비스의 적합 영역에 대한 명확한 기준이 설정되어 있지 않기 때문에 사업 승인과 관련해서는 지자체와 지속적인 협의가 필요하였다.

보건복지부의 사업 승인이 있어도 지역의 사회서비스 시장 여건이 형성되지 않으면 사업 자체가 수행될 수 없다. 적은 비용이지만 자부담이 수반되는 시장 수요가 충분하여야 서비스가 지역에 공급될 수 있다. 시장 수요 분석 없이 공급자 시각에서 사업을 설계할 수 없기 때문에 지자체로서는 이와 같은 정책적인 판단에 상당한 애로를 겪고 있다.

실제 2007년 11월 이전에 실시되었던 10여 개 사업은 신청자가 없어 사업이 진행되지 못하고 있다. 동일한 유형의 사업이라도 지역에 따라서는 신청자가 목표 인원을 초과하는 경우도 발생하는 등 운영

〈표 5-8〉 지역사회서비스 혁신사업 중 심사 제외 기준(예시)

구분	사업 성격	주요 내용
유사 중복 유형	기존 사업과 중복되지만 지역별 여건에 따라 조정	경로당 지원, 방과 후 활동 관련 사업(학원비/학습지 지원), 노인 등 돌봄, 건강관리, 자격 취득 지원 등
시장 효과 미흡 유형	사회 서비스 시장 형성 효과 미약 사업	정수기 대여, 교복 지원, 애완견 분양, 목욕·이미용·이사·의료비 지원, 택시비 지원 등(공공근로형 사업, 기존 영리 서비스 시장 이용 등)
	기존 시행중인 사업	취미생활 지원(웃음치료, 댄스교실, 건강강좌 등), 도시락 배달, 밑반찬 지원, 성인교육(한글 등) 등
	수요자와 공급기관이 동일한 사업	뇌성마비 어머니회 지원(부천시), 시각장애청소년들의 체력 증진을 통한 사회 적응 프로그램(충주맹아원)

실적에서 상당히 차이가 있다. 이와 같은 사업의 집행 현황을 통하여 지역의 서비스에 대한 욕구, 참여 제공 기관의 사업 수행 역량, 지역별 사회서비스 시장 여건 등이 다양하다는 사실이 확인된다.

일반적으로 국가에서 제공하는 사회서비스는 무료 혹은 가격이 상당히 저렴하거나 자부담률이 낮아야 한다는 선입견들도 자체개발형에서는 달리 해석될 필요가 있다. 자부담률이 20%가 넘는 32개 사업의 평균 서비스 가격은 24만 원 정도인데 연간 목표 대비 신청 인원은 사업 시행 몇 달 안에 30%를 넘었다. 가격이 다소 높아도 주민들의 욕구에 부응할 경우 충분히 시장화가 가능하다는 단초들을 확인할 수 있다.

신청자가 없는 사업은 시장에서 퇴출되는 형식으로 실질적으로 폐기되며 지자체에서는 시장 수요가 있는 또 다른 서비스를 개발하여야 한다. 인구 수별로 배정된 자체개발형 예산 재원은 보건복지부가

〈표 5-9〉 자체개발형 사업 중 자부담률이 20% 이상 사업

시도	시·군·구	사업명	서비스 가격	자부 담액	자부 담률	시작 월	목표 인원	신청률
서울	시도개발	장애아동용 맞춤형 휠체어 렌탈 및 리폼 서비스 사업	50,000	10,000	20.0	8	1,890	2.0
	시도개발	Easy Move Center운영 (장애인운전능력개발센터 운영)	1,000,000	200,000	20.0	8	80	58.8
	동작구	사랑하는 우리 가족, 행복 테마 여행!	130,000	26,000	20.0	8	1,600	61.3
부산	시도개발	1.3세대 통합교육 프로그램「세대공감 Old & New」	200,000	40,000	20.0	9	1,876	47.3
	시도개발	근로의욕 향상과 가족문제 예방을 위한 EAP	250,000	50,000	20.0	9	3,850	10.6
	강서구	꿈나무 양성 영어학습 서비스	250,000	50,000	20.0	11	20	-
	기장군	장애인가구 경제활동 참여 지원 서비스	250,000	50,000	20.0	9	40	17.5
	영도구	Weekday 영어교실(주중반)	150,000	30,000	20.0	10	540	34.6
	남구	하계방학 어린이 영어캠프 지원 서비스	300,000	100,000	33.3	8	300	24.3
	수영구	Fun English Camp (펀잉글리시캠프)	300,000	100,000	33.3	8	210	31.0
	영도구	신나는 겨울방학 재미있는 영어교실	300,000	100,000	33.3	12	324	121.0
대구	남구	점프교실(장애아동/청소년 방과후교실 및 치료사파견사업)	320,000	120,000	37.5	8	1,321	11.3
광주	서구	맞춤형 건강한 집만들기 사업	21,500	10,000	46.5	9	15,370	1.0
대전	서구	도서대여 서비스	10,000	2,000	20.0	8	39,840	5.1
경기	시도개발	맞춤형 휠체어 렌탈 및 리폼 서비스 제공사업	50,000	10,000	20.0	8	6,300	1.7
	군포시	원어민과 함께하는 대학 캠퍼스 청소년 영어 교실	125,000	25,000	20.0	8	1,728	26.7
	안양시	체험학습 서비스	80,000	16,000	20.0	8	280	14.6
	광주시	치매노인 부양가족 여가 지원 서비스	90,000	20,000	22.2	8	103	24.3
	광주시	국제결혼 이민자 및 자녀가정 방문 한글교육	90,000	20,000	22.2	8	103	24.3
	안산시	저소득층 아동체험 학습 프로그램	80,000	20,000	25.0	8	1,875	24.4
강원	원주시	장애아동 재활치료 서비스	250,000	50,000	20.0	9	1,200	21.2
	삼척시	영유아 돌보미 서비스	550,000	150,000	27.3	8	137	98.9
	춘천시	고령인력 활용 night care 서비스	200,000	60,000	30.0	9	800	0.4
	강릉시	OK 베이비시터 서비스	950,000	550,000	57.9	8	600	16.3
전북	부안군	성인 장애자녀 가구 주간보호 서비스	250,000	50,000	20.0	8	70	15.7
	전주시	여성결혼 이민자 및 자녀방문 학습지 지도사업	35,000	7,000	20.0	8	1,050	24.9
	장수군	노인 부양가족 여가 지원 사업	270,000	70,000	25.9	9	400	100.5
경북	구미시	가족과 함께하는 미래세대 비전사업	50,000	10,000	20.0	8	7,000	7.5
	청도군	새싹들을 위한 찾아가는 도서 지원 서비스	10,000	2,000	20.0	11	780	12.2
	구미시	취약 계층 건강환경 지원 서비스	250,000	50,000	20.0	12	500	64.8
경남	사천시	결혼이민자, 외국인노동자 및 자녀통합 서비스(학습지원)	69,000	19,000	27.5	8	450	8.7
	사천시	결혼이민자, 외국인노동자 및 자녀통합 서비스(문화체험)	14,000	4,000	28.6	8	600	1.0
평균			241,500	85,167	26.4			31.0
최대			950,000	550,000	57.9			100.5
최소			10,000	2,000	20.0			0.4

〈표 5-10〉 자체개발형 사업 중 신청자가 없는 경우(예시)

(단위: 명)

시도	시·군·구	사업명	목표 인원	시작월
부산	강서구	꿈나무양성 영어학습 서비스	20	11
광주	시도개발	시니어 웰빙 농장체험 서비스	900	10
경기	시도개발	English Book Start(E.B.S)	12,600	8
	동두천시	저소득층 청소년 영어체험	120	8
	연천군	결혼 이민자 가정을 위한 통합 서비스	220	8
강원	춘천시	외국어 캠프 운영	300	11
충북	영동군	다둥이, 다문화, 여성장애인 가정의 행복지원 서비스	380	9
전북	완주군	꿈나무 육성을 위한 외국어 학습도우미 서비스	680	9
전남	장성군	건강하고 쾌적한 노인 공동생활 조성사업	300	9
	장성군	가족과 함께하는 행복 충전	904	9
경북	김천시	건강한 집 만들기 지원 서비스	700	9
경남	창원시	장애아동 '놀토' 사회재활 지원사업	464	9

〈표 5-11〉 자체개발형 사업 중 신청률이 높은 사업(예시)

(단위: 명, %)

시도	시·군·구	사업명	목표인원	신청률	시작월
서울	마포구	저소득 청소년 영어체험 캠프 운영	400	101.5	8
	서대문구	서대문 톡톡 영어마을 캠프	895	102.7	9
부산	연제구	Hi English 영어캠프	100	102.0	8
	영도구	신나는 겨울방학 재미있는 영어교실	324	121.0	12
	해운대구	장애아동을 위한 보육형 홈티처 양성사업	100	132.0	8
경기	안성시	가족과 함께하는 안성맞춤 문화관광 체험	849	104.0	8
	부천시	비전 형성 지원 서비스	600	109.0	12
	부천시	파이어니어 양성 지원 서비스	500	123.4	12
	광주시	국제결혼 이민자 및 자녀 가정방문 한글교육	115	125.2	8
강원	강릉시	민속문화 체험을 통한 정서지원 서비스	2,000	104.1	12
충남	태안군	저소득 아동 가족나들이 지원 서비스	600	119.0	9
전북	장수군	노인부양가족 여가지원 사업	400	100.5	9
	부안군	주거환경 소독 및 청소 서비스	400	102.3	8
	진안군	청소년 비전 확립을 위한 리더십 캠프 운영	200	104.0	9
경북	구미시	비전 형성 지원 서비스	1,000	100.9	12
	칠곡군	비전 형성 지원 서비스	200	102.5	11

정기적으로 지자체별로 조정하기 때문에 특정 지역에서 예산을 지출하지 못하면 서비스 수요가 많은 다른 지역으로 재원이 이전 조정되기 때문이다. 따라서 지자체에서는 배정된 재원을 해당 지역에서 집행하기 위하여 지역 서비스 수요가 높은 사업을 중심으로 자체개발형 사업들을 개발·집행한다.

이러한 과정들이 반복되면서, 지자체 담당 공무원들의 지역 간 정책 경쟁과 지역 수요에 대한 전략 대응을 통하여 지역별로 최적의 사회서비스들이 공급될 수 있다. 지자체 담당 공무원의 입장에서는 시장과 수요자 중심 방식이 기존의 공급자 지원 방식과 비교할 때 상대적으로 어려운 것은 사실이다. 하지만 각종 부수적인 행정관리 부담이 대폭 경감되는 가운데 지역 주민들을 위한 정책을 경쟁적으로 개발하고 시장을 활성화시키는 정책관리자로 전환된다는 또 다른 유인이 발생한다. 사회서비스 정책에서 시장의 보이지 않는 손(invisible hand)이 작용하여 자원 배분의 효율성이 높아지는 자연스러운 정책구조가 형성되고 있다.

3. 사회서비스를 통한 사회 기반 확충과 시장 형성

1) 사회서비스를 통한 사회적 기반 확충

사회서비스 전자바우처 사업이 지향하는 가장 중요한 가치는 일반서민 모두를 대상으로 보편적 사회서비스를 공급하여 이용자들의 사회적 통합과 신뢰를 높이는 것이다. 사회서비스관리센터에서 매월 주기적으로 이용자들에 대한 전화 모니터링을 실시한 결과 서비스에 대한 90% 이상의 응답자들이 만족하는 것으로 조사되었다. 또한 월별 서비스 이용의 재계약률도 90% 이상을 기록하고 있어 초기 사업들이 안정적으로 정착되어 가는 것으로 평가된다. 개인별 전화 모니터링에서는 당초 사업이 지향하였던 많은 사회적 가치들이 창출되고 있었다. 대표적 사례를 정리하면 다음과 같다.

우선 납세의 보람을 느낀다는 사례가 많았다. 예를 들어 78세 뇌졸중 환자의 경우 재활 치료를 접할 기회가 없어 누워서 살았는데, 돌보미와 연결되어 주 2회 3시간씩 수발을 받아서 좋다고 하면서 젊어서 세금낸 보람을 느낀다고 하였다.

둘째, 보호자의 안정적인 직장 생활이 가능해졌다는 사례도 있어 사회적 임금 효과도 확인되었다. 예를 들어, 치매 아내를 돌보는 남편이 있었는데 아내를 돌보기 위하여 일을 하다가도 시간이 되면 집에 돌아와야 하기 때문에 제대로 일을 할 수 없었다. 노인돌보미 덕분에 일을 제대로 할 수 있어서 좋다는 인터뷰가 있었다.

셋째, 독거 노인들의 정상적인 일상 생활이 가능해진 사회치료 효과가 있었다. 노인돌보미가 정기적으로 방문하여 가사 정리와 말벗 등의 서비스 제공하면서 삶의 의욕이 생겨 일상 생활이 정상화되었던 사례는 상당히 많았다. 또한 간단한 마사지 등의 서비스를 제공하면서 거동할 수 없었던 노인이 혼자 힘으로 집 주위를 산책할 정도로 회복된 사례도 있었다. 기존의 간헐적인 독거노인 방문 서비스와는 달리 자부담이 있어 자신이 희망하는 방문 일정에 따라 정기적인 서비스가 제공되기 때문에 가능한 시장화 효과이다.

넷째, 장애인의 사회 통합 효과가 창출되고 있다. 뇌성마비의 중증 장애인으로 빈집에 혼자 침대에 하루 종일 누워 있다가 활동 보조 서비스를 받으면서 외출뿐 아니라 영어와 컴퓨터를 배우고 대학 입학까지 준비하였던 경우는 장애인의 사회 통합 효과가 창출되는 대표적인 사례이다. 이와 같은 유사한 사례들은 사회서비스관리센터에서 발간하였던 사례 수기 책자 곳곳에서 확인할 수 있다(사회서비스관리센터, 2007).

다섯째, 아동 투자 노력이 강화되었다. 아동 인지 능력 향상 서비스는 취학 전 아동들에게 도서를 보급하고 방문 교사들이 독서를 지도하는 프로그램이다. 여기서 주된 목적은 초등학교에 입학한 아동들의 읽고 쓰기 수준은 가계소득과 상관없이 동등하게 유지시켜 학습의 기회 균등을 보장하자는 것이다.[12] 공공 예산으로 아동들의 독서 지도까지 개입한다는 비판도 있었지만 대부분의 지역에서 서비스 욕구는 상당하였다. 별도의 정책 홍보도 없었는데 사업을 시작한 지 4개월 만에 25만 명이 신청할 정도로 서비스에 대한 수요가 급증하였다. 아동 투자 효과가 구체적으로 검증되는데는 몇 년간의 시간이 필요하지만 국가 혹은 사회가 자신들의 일상 생활에서 애로를 생각하고 직접적인 서비스 혜택을 제공한다는 것을 체감하면서 사회적인 신뢰가 높아지고 있다.

2) 사회서비스 시장 형성

사회서비스 확충을 통한 사회서비스 산업 육성 효과는 사업 초기 단계인 점을 감안할 때 아직 뚜렷한 성과들이 검증되지는 않았다. 하지만 부분적으로 의미 있는 단초들이 나타나고 있어 지역경제에서 새로운 일자리 대안으로서 충분한 가능성을 확인할 수 있다. 산업 및 시장 형성 가능성은 수요, 공급, 일자리 특성, 시장경쟁 등의 요소로 설명할 수 있다.

---

12) 지금과 같은 지식기반 사회에서 초등학교 진입부터 학습 능력이 뒤처지면 사회적으로 성장잠재력이 현저히 낮게 된다. 이에 따라 각국에서는 아동 독서 인지 능력 강화를 위한 정책들이 매우 중요하게 강조된다.

(1) 유효 수요의 창출

정부의 구매력 보전은 시장 구매력이 가능한 유효 수요를 창출하였다. 무료 서비스에 익숙하였던 기존 관행을 고려하면 자기 부담을 납부하면서 서비스를 구매하기 시작했다는 것은 시장화의 기본 요건이 된다. 11월 말 현재 총 365,400명이 전자바우처 카드를 발급받았다. 지역사회서비스 혁신사업이 9월부터 시작되었다는 점을 감안하면 불과 몇 개월 만에 시장 수요가 급증한 것이다. 초기의 노인돌보미 사업과 달리 후반부터는 중앙정부 차원에서 별도의 정책 홍보 활동을 수행하지 않았다. 그럼에도 불구하고 지자체와 지역의 개별 제공 기관들이 사업을 개발하고 수요자를 찾아 마케팅하는 경영 활동들이 활성화되었다.

〈표 5-12〉 사업 유형별 제공 기관과 종사자 수

구 분	노인돌보미	장애인 활동보조	지역사회서비스	합계
제공 기관(개)	559	519	2,974	4,052
종 사 자(명)	5,288	9,701	10,367	25,356

주: 2007년 말 총계 기준.

(2) 다양한 공급기관의 참여 및 신규 창업

사회서비스 제공에서 공급기관 인프라 투자가 우선되어야 한다는 비판도 있었다. 하지만, 사업을 추진하는 과정에서 산모·신생아 도우미사업을 제외한 3대 바우처 사업에서 전국 제공 기관 수는 4,052개(중복을 제외한 순계 1,284개), 종사자는 25,356명(순계 24,761명)에 달하였다.[13]

13) 수요자 방식의 전달 체계에서는 동일한 제공 기관들이 사업 수행이 가능한 다른 시·군·구에도 사업자로 등록 신청을 받을 수 있기 때문에 총계와 순계의

노인돌보미와 장애인 활동보조 사업에서는 비영리 민간 복지기관들만 참여가 가능하였지만 지역사회서비스 혁신사업은 참여 가능한 제공 기관의 범위를 포괄적으로 확대하였다. 농어촌 지역에서는 제공 기관이 없어 필요한 서비스가 충분히 공급되지 못하는 부분적인 한계가 있었지만 이외 전국 대부분의 지역에서는 시장 수요에 따라 다양한 유형의 제공 기관들이 참여하고 있다. 140여 개 기관은 노인돌보미와 장애인 활동보조 사업을 동시에 제공하며, 이 가운데 40개 정도의 기관은 지역사회서비스 혁신사업(자체개발형)에도 참여하고 있다.

제공 기관의 다양성은 지역사회서비스 혁신사업 중 자체개발형의 참여기관 유형에서 쉽게 확인할 수 있다. 570여개 기관들이 참여하고 있는데 지역자활센터를 비롯한 비영리 민간 복지기관이 절반을 약간 넘는 51.4%를 차지하며 민간 영리기업의 비중은 37.3%에 달한다. 또한 58개의 지역 대학에서도 아동학습 비전 개발 프로그램에 참여하

〈표 5-13〉 자체개발형 사업에서 제공 기관 유형(총계 기준)

(단위: 개, %)

제공 기관	생활환경 지원	아동 능력발달	사회활동 지원	합계	비중
비영리기관	71	160	63	294	51.2
영리기관	91	102	21	214	37.3
컨소시엄	5	2	0	7	1.2
대학	8	46	5	59	10.3
합계	175	310	89	574	100.0
(비중)	30.5	54.0	15.5	100.0	

숫자 차이가 큰 편이다. 종사자들도 제공 기관별로 사업 내용이 다르기 때문에 본인의 역량에 따라 중복 등록이 가능하다.

고 있다. 전체 참여기관의 54.0%는 아동 능력 개발 사업을 수행하고 있으며 다음으로 일상 생활 지원과 사회 활동 지원 분야 순서이다. 적극적인 경영 활동을 수행하고 있는 67개 기관들은 두 가지 이상의 자체개발형 사업을 수행하거나 여러 시·군·구 사업에 동시에 참여하고 있다.

지역에서 대학교 등 교육기관이 사회서비스 제공 기관으로 참여하는 것은 특별한 의미가 있다. 지역사회에서 대학이 가지는 상징성과 서비스에 대한 신뢰성뿐 아니라 사회 통합의 관점에서 참여 아동들에게 학습 비전을 형성하는 효과가 부각된다.

사업별로 살펴보면, 영리기업들만 참여하고 있는 사업은 73개로 생활환경 지원 분야에 특히 많이 참여하였으며, 아동 능력 개발 분야에서는 비영리 민간기관의 활동이 부각되었는데 67개 사업에서 비영리기관들만 참여하고 있다. 영리기업과 비영리 기업이 동시에 참여하고 있는 사업은 42개인데 아동 능력 개발 부문이 절반 이상을 차지한다.

〈표 5-14〉 자체개발형 사업별 참여기관 현황

(단위: 개, %)

사업별 참여기관	비영리	영리	혼합	대학	합계
생활환경 지원	47	41	13	3	104
아동 능력 개발	67	23	23	27	140
사회 활동 지원	45	9	6	3	63
합계(개)	159	73	42	33	307*
비중(%)	51.8	23.8	13.7	10.7	100.0

주: * 2007년도 자체개발형 사업은 총 312개이지만 5개 사업은 지자체에서 중도 포기하여 12월 말 현재 307개 사업이 운영되고 있음.

이 영역에서 사회서비스 시장의 경쟁이 활성화될 가능성이 많다. 현실적으로 비영리기관에서는 자체적인 경영 활동에 한계가 있어 민간기업들과 비교하여 지속적으로 경쟁력을 확보할 수 있을지 우려하고 있다. 사회서비스 시장화 전략에서는 기존과 같이 독점적인 사업 영역 설정하고 정부가 규제하기보다는 비영리 민간기업들이 시장 경쟁 상황에 효과적으로 적응할 수 있는 경영 역량 강화 프로그램들을 집중적으로 지원하는 간접 관리 접근이 필요하다.

(3) 사회서비스 시장 일자리 창출

다양한 유형의 사회서비스 시장 일자리가 창출되었다. 지역사회서비스 혁신사업에서는 지역의 시장 수요와 사업 개발 역량에 따라 적절한 시장 일자리들이 창출되고 있으며 시장의 지리적 범위도 광역적으로 운용할 수 있다.[14)]

전체 25,356명 종사자의 연령대별 분포를 살펴보면 40대가 가장 많은 36.8%를 차지한다. 그런데, 사업 유형별로 연령 분포에서 의미 있는 차이들이 확인되었다. 노인돌보미는 50대, 장애인 활동보조는 40대, 그리고 지역사회서비스 혁신사업은 30대의 종사자 비중이 가장 높다. 다양한 사회서비스들이 지역에 제공되면서 다양한 연령 혹은 유형의 일자리들이 창출되고 있는 증거들이 발견된 것이다.

노인돌보미 사업에서는 40대 후반에서 50대 초반의 여성 일자리들이 많이 창출된다. 급여는 기대만큼 충분하지 않아도 근무 여건을 고려하

---

14) 일반적으로 사회복지 분야에서의 일자리들은 자원봉사나 공공근로의 특성이 강하여 개인의 경제 활동 역량에 따라 급여를 충분히 창출하기 힘들다. 또한 예산 집행 시기에 따라 몇 개월 동안만 일할 수 있는 한시적인 사회적 일자리가 많아 안정적인 수입 확보가 곤란하다. 더욱이 시·군비 매칭으로 재원이 구성되면 사업을 수행하는 지리적 영역이 기초자치단체의 관할구역에 국한되기 때문에 적극적인 경영 활동을 수행하는 데도 한계가 있다.

〈표 5-15〉 사회서비스 전자바우처 사업 종사자의 연령 분포

(A) 규모 (단위: 명, %)

사업 종사자 \ 연령		10대	20대	30대	40대	50대	60대 이상	합계
노인돌보미		0	18	419	2,093	2,281	477	5,288
중증장애인 활동보조		2	1,329	1,525	3,575	2,649	621	9,701
지역사회서비스 혁신		2	1,659	4,499	3,662	371	174	10,367
합계	총계	4	3,006	6,443	9,330	5,301	1,272	25,356
	순계	4	3,003	6,371	9,079	5,076	1,228	24,761
	중복	0	3	72	251	225	44	595

(B) 비중

연령 \ 사업 종사자	노인돌보미	중증장애인 활동보조	지역사회 서비스혁신	합계
10대	-	0.02	0.02	0.02
20대	0.34	13.70	16.00	11.86
30대	7.92	15.72	43.40	25.41
40대	39.58	36.85	35.32	36.80
50대	43.14	27.31	3.58	20.91
60대 이상	9.02	6.40	1.68	5.02
합계	100.00	100.00	100.00	100.00
(규모)	(5,288)	(9,701)	(10,367)	(25,356)

여 가사도우미나 간병시장에서 종사하던 인력들이 전업하는 사례들이 많아 연령대별로 일자리가 계속 이어질 수 있는 효과가 있다.

장애인 활동보조에서는 부산의 팽○○(38세)와 같이 4급 시각장애인의 시장 일자리 창출로 가정 해체 위기를 극복하였던 좋은 사례도 있다. 장애인이 장애인을 돌보면서 일자리가 창출되는 대표적인 사례로서 장애인의 시장 일자리 창출에서 의미가 부각된다.

자체개발형 사업에서는 지역에서 청년 실업 해소 효과들이 창출되고 있다. 특히 아동발달 프로그램이나 장애 아동 관련 사업에서 새로운 일자리들이 많이 창출되고 있다. 종사자의 월급여도 상당한 수준을 확보할 수 있는 사업들이 많이 개발되고 있다.

이들 분야는 사회적인 필요성은 충분히 제기되었지만 공급기관의 여건이나 전국 시행에 따른 표준 지침 마련 등과 같은 기술적 혹은 예산 부담 등의 한계로 서비스가 제공되지 못했던 분야이다. 부분적으로 민간 시장에서 간헐적으로 제공되기는 하였지만 서비스 가격이 높아 수요자 입장에서는 적지 않은 부담이 되었으며, 이에 따라 충분

〈표 5-16〉 자체개발형 사업에서의 시장 일자리 사례

사업명	주요 내용	월급여 수준
아동건강 발달을 위한 조기개입 서비스(대전)	인지행동 치료, 언어치료, 놀이치료 등 월 10회 재가 방문 서비스	170만 원
소아청소년 언어심리치료 서비스(강릉)	미술치료, 음악치료, 상담 및 심리언어치료 서비스를 월 4회 또는 8회 제공	200만 원~350만 원
장애 등 영유아 아동건강 발달 사업(청주)	언어, 상담, 인지, 물리 치료 서비스를 월 10회 제공. 부모 상담 병행	130만 원
농어촌 노인 건강 장수 활력 서비스(전남)	체조, 건강검진, 댄스 스포츠와 목욕 서비스, 웃음치료, 노래교실, 발관리 등	120만 원~150만 원
맞춤형 운동처방 서비스(공주)	노인, 산모, 장애인별 기초체력 진단과 운동프로그램 처방(대학교 벤처형 사업)	150만 원
고령자 만성퇴행성 질환 예방관리 서비스(목포)	근골격계 마사지, 지압, 자극 요법 등	100만 원~160만 원
초등학생 문화체험학습 도우미 서비스(괴산)	초등학교 3~6학년 재학생에게 월 1회 이용. 박물관, 동굴, 수목원 등 현장 체험	80만 원~100만 원
도서대여 서비스(대전 서구)	이동권이 제한된 중증장애인 및 초등학생에게 도서 배달 대여	100만 원~120만 원

한 시장 여건이 성숙되지 못하였던 영역이다.

자체개발형에서는 대학교에서 벤처 창업 형태로 서비스를 제공하는 사례도 있어 예체능 및 인문사회 계열 학생들의 전문적인 창업 영역을 확대하는 효과도 창출되었다. 대표적으로 공주대학교 체육학과 30여명이 학교 시설을 이용하여 맞춤형 체육 치료사업을 수행하고, 순천대학교 피아노학과 28명의 졸업생 및 재학생들이 음악 치료 서비스를 제공하고 있다. 이러한 사례는 사회서비스에 참여할 수 있는 제공 기관과 인력 분야가 특정 영역에 국한되지 않고 다양하게 확산될 수 있는 가능성을 확인시켜 준다.

한편, 사회서비스의 특성상 창출되는 시장 일자리들이 주로 여성들에게 많은 기회가 주어지고 있다는 점 역시 주목할 필요가 있다. 2008년 12월 말 기준으로 전자바우처 시스템에 등록된 종사자는 3만명을 넘었다. 이 가운데 89.9%인 27,105명이 여성으로 압도적인 비중을 차지한다.

〈표 5-17〉 사회서비스 전자바우처 사업 종사자의 성별 분포

(단위: %, 명)

구 분		남자		여자		합계	(규모)
		재직	퇴직	재직	퇴직		
노인돌보미		2.4	0.6	82.9	14.2	100.0	6,318
중증장애인 활동보조		12.5	3.1	74.1	10.3	100.0	11,466
지역사회 서비스	표준형	3.6	-	96.4	-	100.0	7,558
	자체개발형	15.0	1.3	77.3	6.4	100.0	4,795
합계		8.5	1.5	82.0	7.9	100.0	30,137
(규모)		2,572	460	24,723	2,382	30,137	

(4) 제공 기관들 간의 시장 경쟁

바우처를 통한 유효 수요가 창출되면서 제공 기관들은 행정 관할 구역을 넘어 적극적으로 고객 유치를 위하여 경쟁하고 있다. 이는 기존의 독점적인 서비스 전달 체계에서는 찾아보기 힘든 시장 경쟁 현상이다. 제공 기관과 이용자의 시·군·구 주소지가 상이한 경우는 885명으로 전통적인 공급자 지원 방식과 비교할 때 고객 확보를 위한 제공 기관들 간 시장 경쟁이 부분적으로 확인되고 있다.[15] 표준형 사업인 아동 인지 능력 향상 서비스에서는 단일 기업의 시장 점유율이 70% 정도로서 독점 위험이 있었다. 하지만 2008년도에는 참여하는 민간기업이 다양화되면서 시장 경쟁을 통한 가격 인하 및 품질 향상 효과가 기대되고 있다.

3) 사회서비스 전달 체계의 효율성 성과

사회서비스의 전달 체계를 전산화하면 기존 수기 청구 방식과 비교할 때 당연히 관리의 효율성이 높아질 것으로 기대된다. 2007년도 1단계 사업에서는 바우처의 전산화에 집중하였다. 종이 바우처와 같은 수기 방식에서는 바우처를 정리·관리·보관하기 위하여 전담 행정관리 인력이 필요하며 수기 청구 이후 지자체로부터 대금을 지급받기까지 상당한 시일이 소요된다. 이러한 전자바우처에서는 관리 및 절차적 비용이 발생하지 않는다.

지자체로 국고보조금이 지급되면 지자체는 지방비 부담분을 포함하여 국민은행의 가상 계좌로 예탁하고 해당 지역의 서비스 이용 규모

15) 예를 들어 경북 청송에서 노인돌보미 사업을 수행하는 기관은 인접한 포항시 북부 지역의 노인들에게도 서비스를 제공하고 있다. 해당 지역의 거주자 중에서 돌보미를 채용하였기 때문에 지리적인 거리 문제는 발생하지 않았다.

를 실시간으로 파악하여 정기적으로 사업량을 조정하는 의사 결정만 하면 된다. 나머지 지불과 정산 기능은 전산화되어 사회서비스관리센터가 총괄적으로 수행한다. 2007년 11월 말 기준으로 전자바우처 이용료의 수기 청구율은 0.99%에 불과하며 99%가 단말기를 통하여 전산으로 자동 청구되었다.

보건복지부에서는 전자바우처 사업의 정책관리 효율성이 제고된 효과도 있었다. 기존의 공급자 지원 방식의 국고보조 사업에서는 사업의 진행 실태를 점검하기 위하여 수시로 지자체 현장 출장이 필요하였고 자료를 취합하기 위하여 전국 지자체에 정기 그리고 부정기적으로 협조 공문을 시달하였다. 이를 정리하고 분석하는 작업이 상당한 부담이 되었다. 특히 이러한 업무들은 국정감사 기간에 집중되었다. 이와 유사한 정책관리 부담은 지방의회로부터 행정 사무감사를 받아야 하는 지자체도 마찬가지였다. 제공 기관들을 수시로 방문하고 공문을 보내 자료를 취합해야 하였다.

하지만 전자바우처 방식에서는 사회서비스관리센터의 중앙 데이터베이스에 모든 정책정보가 집적되어 있기 때문에 기존의 번거로운 관리·보고업무 자체가 생략되었다. 정확한 정책 통계(현황)를 실시간으로 확인·분석할 수 있게 되었다. 2007년도 보건복지부 국정감사는 지자체에 통계 협조 공문 한 장 없이 자체적으로 준비되었다.

지자체에서는 전자바우처 방식에 대하여 처음에는 부정적이었다. 생소한 새로운 관리 방식이 추가되는데 따른 부담이 적지 않았기 때문이다. 하지만 사업이 진행되면서 전자관리 방식의 효율성을 체감하기 시작하였다. 지불 정산과 같은 관리 업무가 없어졌을 뿐 아니라 지역별·사업별 이용 현황들이 전산으로 자동 집계되면서 업무 효율성이 발생하기 시작하였다. 장애인 활동보조 사업과 같이 서비스의 내용이 대상자 특성에 따라 다양한 경우에는 전산상으로 판정 확인만 하면 자동적으로 지출 소요 내역들이 정리가 되기 때문에 업무상 관리 실수를 대폭 줄일 수 있게 되었다. 사회서비스가 개인별 맞춤형으로 제공되면서 정책이 복잡해질수록 전산관리 방식의 효율성은 더욱 높아진다.

그런데, 전자바우처 시스템이 어느 정도 효율성을 창출하였는가에 대한 평가는 아직은 유보적이다. 현장에서 새로운 시스템에 적응하는 데 적지 않은 유·무형적인 부담이 발생하였기 때문이다.

우선 처음 도입된 전자바우처 결제 방식에 익숙하지 않은 제공 기관과 종사자들이 사회서비스관리센터로 문의한 공식 전화는 5월부터 11월 말까지 6개월 동안 6,595건에 달하였다. 시스템 사용자의 이해 부족과 정부의 지침 변경에 따른 문의가 많았다. 제공 기관의 실무자들도 자주 교체되기 때문에 신규 실무자들에 대한 교육 수요가 상당하였다.

둘째, 전산관리 방식은 일정 규모 이상의 사업이 수행되어야 효율성을 창출할 수 있다. 사업량이 소규모일 때는 기존의 수기 청구 방식이 오히려 편리하며 전산화의 효과가 기대만큼 창출되지 않는다. 소규모 기관에서는 실무자가 전자바우처 사업만 전담하지 않으며 다른 형태의 공급자 지원 방식의 사업을 병행하게 된다. 이러한 경우에는 기존의 수기 청구 방식과 전자바우처 방식의 두 가지를 모두 관리하여야 하기 때문에 실제로 관리의 효율성을 느끼지 못할 수 있다.

결국, 전자바우처 방식에서의 관리 효율성은 제공 기관 실무자와 종사자들의 숙련 정도, 바우처 방식의 사회서비스 사업 규모 그리고 사회서비스 정책의 복잡성 정도에 따라 달리 평가된다.

06

사회서비스 전자바우처 제도의 정책 과제

1. 2007년도 제1단계 시범사업의 성과: 종합

사회서비스 전자바우처 사업을 추진하면서 사업의 내용과 추진 방식 등 자체에 대하여 적지 않은 논란이 발생하였지만 대부분은 사회서비스의 다양성을 확대하는 과정에서 발생하는 과도기 현상이었다. 부분적인 쟁점들은 여전히 지속되고 있지만 2007년도의 1단계 시범사업은 성공적으로 수행되었으며 기획예산처를 비롯한 다른 정부 부처에서도 전자바우처 방식의 확대 적용에 대하여 적극적으로 인식하고 있다.

사회서비스 시장이 형성되면서 그동안 복지 사각 영역이었던 부분에서 다양한 사회서비스들이 지역에서 자발적으로 개발·공급되어 2007년 한 해 동안 지역 주민들의 서비스 욕구가 높았던 60여 개 유형의 314개 사업이 진행되었다. 365,400명이 넘는 이용자들이 바우처 카드를 발급받았으며 1,284개의 기관과 24,761명의 종사자들이 사업에 참여하였다. 40여개 사업에서 비영리 민간기관과 영리기업들이 경합적으로 서비스를 제공하고 있으며, 이용자와 제공 기간의 시·군·구 주소지가 다른 경우도 800여 사례가 있는 등 사회서비스 시장이 활성화될 가능성도 확인되었다.

서비스 이용 금액에 대한 수기 청구율은 1%에 불과하고 99%는 전산을 통하여 자동으로 서비스 대금이 제공 기관에 입금되고 있다. 서비스의 거래 내역들은 사회서비스관리센터의 전산망에 체계적으로 축적되어 정책 결정을 위한 유용하고 효율적인 정보로 활용되고 있다.

사회서비스와 복지 전달 체계에 대한 사회적 인식이 확산되었고 학계의 관심도 급속히 증대되었다. 초기 사업의 타당성에 의문을 제기하였지만 현재는 서비스의 품질관리와 종사자들의 근로 조건 등과 같은 세부적인 실천 과제에 대한 논의들이 진행되고 있다. 제공 기관은 낯선 운영 체계에 대하여 초기 적응에 많은 애로를 겪었지만 사업이 진전되면서 점차 익숙해졌다. 전용 휴대 단말기를 통한 전자 결제 방식이 아직은 불편하지만 사회서비스를 시장의 경영 전략으로 접근한다는 사회적 기업 측면에서의 매력은 운영 시스템 적응의 애로를 상쇄하고 있다.

정부의 지침에 따라 표준적으로 사업을 수행하기보다는 이용자들을 위한 서비스 상품과 적극적인 마케팅 그리고 고객만족 관리 등을 통하여 제공 기관의 역량만 강화되면 매출액과 경영 이익 그리고 종사자들의 급여를 다양하고 자율적으로 운영할 수 있는 기업으로서 매력을 실감하고 있다.

하지만 제1단계 사업에서 확인된 것은 어디까지나 단초적 사례에 불과할 수 있다. 신용카드 형태의 바우처 카드를 수령하면 부담이 되어 잘라 버린다는 이용자도 있고, 휴대용 단말기의 구입 및 유지 관리 비용이 적지 않은 부담이며, 종사자들은 아직도 익숙하게 사용하지 못하는 경우도 있다. 제공 기관 실무자들에게 전산 시스템을 통한 지불 결제와 종사자 인력관리 업무 역시 익숙하지 않은 경우도 많다. 이러한 현실적인 한계들로 인하여 전자바우처 시스템이 가지는 잠재적 효율성을 충분히 창출하지 못하고 있다.

전산 시스템은 시간이 경과되면 점차 익숙해질 것으로 기대되지만 바우처 방식을 통한 사회서비스 공급이 현실적으로 전국 모든 지역과 모든 개인 서비스 사업에 타당한 것인지에 대한 논쟁들은 여전히 학계의 체계적 검증이 필요한 영역이다. 더욱이 시장 여건이 충분하지 않거나 과잉 경쟁의 우려가 있는 지역에서는 과거의 공급자 지원 방식보다는 불편하고 불안정한 측면이 있다. 전자바우처 사업이 효과적으로 정착되기 위해서는 현재 제기되고 있는 각종 쟁점에 대한 인식 공유와 문제 해결을 위한 전향적인 노력들이 필요하다.

[그림 6-1] 보건복지부 사회서비스 전자바우처 전진대회

전자바우처의 성공적 정착을 확인하는 변재진 보건복지부 장관의 인사 말씀.

이를 위하여 2008년도부터 진행되는 2단계 사업에서는 이하에서 정리하는 바와 같이, 시장과 수요자 중심의 사회서비스 정책에 대한 인식과 홍보, 전산 시스템의 고도화, 정책의 성과관리, 그리고 사회서비스의 품질과 시장관리 등과 같은 운영 체계에 대한 개선 작업들이 일관성 있게 추진되어야 한다.

2. 사회서비스 전자바우처 사업 활성화를 위한 정책 과제

1) 보편적 사회서비스에 대한 인식 확산 및 홍보 강화

(1) 사회복지와 사회서비스의 병행에 대한 이해

전자바우처 사업과 관련하여 대표적인 부정적인 의견 중 하나는 이제 보건복지부가 사회복지보다는 사회서비스를 우선 고려한다는 비판이었다. 기초복지 서비스가 여전히 취약한 현실에서 제대로 된 사회서비스 정책 자체가 없었기 때문에 기존의 사회복지 정책의 연장선상에서 전자바우처 사업을 해석하면 이와 같은 비판이 가능하다.

그런데, 사회서비스의 대상과 규모를 생각하면 비판의 초점이 정확하지 않다는 것을 쉽게 확인할 수 있다. 두 정책은 재정 지출의 접근 방식과 주요 정책 대상에서 구분이 필요하다.[1] 한 분야를 다른 한 분야가 대체하는 것이 아니라 병행하고 서로 보완하여야 하는 정책 영역이다.[2] 취약 계층의 빈곤과 질병에 대한 전통적 사회복지는 공

---

1) 빈곤과 질병에 대한 전통적인 사회복지 서비스는 소득분배 정책의 핵심 사업 중 하나이며 사회적 정의에 기반한 합의와 가치 지향적인 적정 수준에서의 수요관리 관점에서 접근된다. 반면 사회서비스는 지속 가능한 성장을 위하여 사회적 기반에 대한 투자 부문으로서 인적 자본 형성과 사회적 임금 지원 등에서 최적의 전략 투자가 요구되는 분야이다.

2) 예를 들어, 보건복지부의 자활 지원 사업에서는 근로 능력이 있다고 판정된 기

급자 지원 방식으로 기존과 동일하게 수행되며 국가의 사회복지 서비스 예산에서도 매우 큰 비중을 차지한다.

새롭게 설계되는 사회서비스 전자바우처 사업은 기회 균등과 사회적 통합 등과 관련된 새로운 사회적 위기에 대응하는 정책으로 취약계층뿐 아니라 일반 서민들 모두를 대상으로 제공된다. 올해 예산 규모를 전통적인 복지 서비스와 비교하는 것이 현실적으로 의미가 없을 정도로 적은 수준이다. 기초 복지를 우선하여야 한다는 주장들도 있지만 이는 사회 기반 확충을 위한 복지 서비스의 다양성을 고려하면 달리 해석이 필요한 영역이다. 사회적 기반은 지역별·부문별로 균형 있게 제공되어야 한다. 새로운 사회 위기에 대한 선제적 대응을 위해서는 다양한 경제 기반 사업들과 비교할 수 있을 정도로 잔여적 복지와 보편적 복지 서비스 모두를 포함하는 다양한 정책이 필요한 시점이다.

(2) 새로운 사회적 위기에 대한 선제 대응 필요성 합의

새로운 사회적 위기에 대응하기 위하여 국가의 선제적 대응이 필요하다고 강조되는 사회서비스는 기존에 개인이나 가족에서 제공되었던 경우가 많다. 그리고 여전히 가족이나 지역사회 공동체의 역할이 강조되고 있다. 이들 분야에 국가가 새로운 사회복지로서 서비스를 제공하는 것에 대한 사회적 합의 형성 혹은 납세자의 동의 확보가 쉽지 않을 수 있다. 특히 정책이나 예산의제(policy agenda 혹은

초생활 수급자가 참여하고 있다. 지역자활센터의 사례 관리 내용들을 살펴보면 이들에게는 근로 능력 개발뿐 아니라 자녀와 부모 부양 등과 같은 가족에 대한 사회서비스 지원이 병행되어야 자활 정책의 효과성이 높아진다는 의견이 많다. 이를 감안하면 기초복지에 해당하는 자활지원 서비스와 사회서비스는 상호 대체가 아닌 보완 관계로 접근하여야 한다.

budgeting agenda) 수준이 아닌 사회 문제로 심각하게 제기되기 이전인 공공 의제(public agenda) 단계에서 행정부의 선제적 대응이 추진되는 경우에는 이와 같은 합의 형성이 더욱 힘들 수 있다.

결국 국가가 지원하여야 하는 사회서비스의 범위와 정도에 대한 쟁점으로 귀결된다. 최근 사회적인 관심으로 부각되었던 아동 비만 관리 프로그램에서는 두 가지 비판이 동시에 제기되었다. 왜 정부가 하는 복지 서비스가 무료가 아닌 자부담을 요구하는가? 그리고 다른 하나는 본인과 가족이 책임져야 하는 아동 비만 관리를 위하여 왜 국가가 세금을 들여 퍼주기 사업을 하는가? 등이다. 전자에 대해서는 사회서비스에서 국가와 개인의 책임 분담 구조에 대한 이해와 사회적 합의가 필요하다. 그리고 후자에 대해서는 새로운 사회적 위기에 대한 선제적 대응으로서 사회 투자, 그리고 아동에 대한 건강 투자의 국가 재정 지출의 타당성에 대한 합의 형성이 필요하다.

사회서비스에서의 국가와 개인 책임의 균형에 대한 이해 부족과 소비자 권리와 시장 통합을 위한 자부담 제도의 취지를 충분히 이해하지 못하고 실적 위주로 사업 진행률만 높이려는 과정에서 대구광역시에서는 노인돌보미 바우처의 자부담액을 공무원들이 대납하였던 사례도 있었다.[3] 또한 사회서비스 바우처 사업을 설명하는 언론 매체에서는 국가가 현금을 지원한다는 뉘앙스를 강하게 설정하고 있다. 바우처 사업은 사회적으로 과소 공급되는 시장실패 영역에서 현금이 아니라 저렴한 양질의 서비스 프로그램을 개발하여 이를 사회서비스 시장에서 유통될 수 있도록 하는 제도의 취지를 정확하게 홍보할 필요가 있다.

---

3) 한국일보 2007년 6월 12일자, “저소득층 돌보미 사업 공무원이 봉?”

(3) 잠재적 소비자에 대한 전략 홍보의 중요

소비자와 시장 지향적인 사회서비스 정책에서는 대상자에 대한 전략적 홍보가 매우 중요하다. 보건복지부가 납세자 책임을 다하기 위해서는 일반 서민들이 정부의 좋은 사회서비스를 '인지'하지 못하여 소비를 하지 못하는 상황이 발생하지 않도록 적극적인 홍보 노력을 강화하여야 한다.

잔여적 복지에 대한 공급자 중심 방식에서는 홍보의 비중이 크지 않았다. 많지 않은 가용 예산 내에서 서비스 수요자가 급증하면 정책당국의 입장에서는 곤욕스러울 수밖에 없다. 그리고 서비스의 수급자가 명확하게 설정되고 지역별 혹은 시설별로 배정량이 설정되는 경우가 많아 수급자 확보 문제가 특별히 쟁점이 되지는 않았다. 하지만 보편적 서비스를 시장 지향형 방식으로 전달하기 위해서는 잠재적인 소비자를 발굴하는 과정이 용이하지 않다. 기존의 복지 서비스와는 달리 사업 초기에 수요(신청) 부족에 따른 언론의 비판이 많이 제기된 것은 공급자 방식과 수요자 방식에서 초기 신청률의 구조적 차이가 있을 수 있다는 점이 고려되지 못하였기 때문이다.

사회서비스의 소비자 홍보에서, 일반적인 정부의 이미지 광고나 정책 홍보만으로는 시장에서의 소비 촉진을 유도하는 데 한계가 있다. 아직까지 보건복지부에서 제공하는 각종 서비스들이 많은 일반 서민들이 이용할 수 있다는 적극적인 인지는 부족한 편이다. 잔여적 복지는 소수의 대상자가 명확하고 그들의 욕구(need)도 표준화될 수 있다. 하지만 보편적 사회서비스에서는 대상자가 불명확하고 시장에서 소비자로서 자리매김된다. 공급기관의 마케팅 활동뿐 아니라 소비자가 본인 스스로가 정책의 수혜자가 될 수 있다는 점을 명확히 인식할 수 있는 타깃 홍보가 필요하다. 일반 서민들에 대한 전략 홍보를 통하여 잠재적인 시장 수요를 파악하여야 다양한 사회서비스를 설계·제공할 수 있다.

(4) 사회복지 서비스 이용에서 계층 다양성 확보

사회서비스의 혁신적인 전달 체계가 안정적으로 구축·운용되기 위해서는 무엇보다도 복지 서비스의 다양성에 대한 사회적 인식 전환이 필요하다. 사회적 기반 확충을 위한 사회 투자 정책에서 지향하는 것은 표준화된 저렴한 낮은 품질의 최소 수준 유지가 아니다. 사회복지 영역에서도 사회적 투자와 소비 영역이 구분되고 전자에 대한 제대로 된 양질의 품질이 정확하게 전달되어야 한다.

한정된 예산 범위 내에서 신청자가 많을 경우 소득 수준을 기준으로 우선 순위를 설정하면 일부 저소득층들에게 서비스가 집중되어 의도하지는 않지만 잔여적 복지 특성을 그대로 답습하게 된다. 이러한 경우 특정 소득집단에 대한 과잉 복지 논란과 차상위나 차차상위 집단에 대한 복지 사각지대 문제가 지속적으로 제기될 수 있다. 따라서 사회서비스 이용자들의 계층 다양성을 확보할 수 있는 제도적 방안들이 모색되어야 한다.

2) 새로운 전자바우처 시스템에 대한 이해 확산 및 시스템 고도화

보건복지부의 사회서비스 전자바우처 시스템은 취약 계층을 넘어 일반 서민 모두를 대상으로 하는 다양한 사회 투자 서비스를 설계하여 효율적이고도 투명한 현명한 사회서비스 전달 체계를 지향하고 있다. 전자바우처 시스템의 본질적 특성에 따라 서비스 이용 내역이 실시간으로 확인된다. 이에 따라 부정 사용에 대한 모니터링이 용이하고 국민들이 필요로 하는 서비스의 수요를 즉각적으로 파악하여 한정된 국가 재원 배분 과정에 효과적으로 활용할 수 있어 복지 서비스의 과소 및 과잉 공급의 비효율성 문제에도 대응할 수 있다.

하지만 새로운 사회서비스 운용 체계에서 현실적인 한계들이 발생하고 있어 초기 단계에서 체계적인 대응이 요구된다. 무엇보다 새로운 제도에 익숙하지 않아 서비스 이용 과정에서 애로 사항들이 적지 않게 발생하고 있다. 사회서비스관리센터에서 운영하고 있는 전자바우처 콜센터에서는 낯선 새로운 제도에 대하여 적지 않은 문의들이 이어지고 있다. 또한 전통적인 사회복지 서비스와는 달리 대상자가 본인 부담금 납부와 바우처 카드 등록 등과 같은 새로운 절차들을 수행하여야 하는 데 따른 혼란도 발생하고 있다. 이에 따라 콜센터에서는 관련 사항에 대한 민원 응대뿐 아니라 대상자와 제공 기관에 대하여 서비스를 이용하는 데 필요한 사항들을 직접 전화와 휴대폰 문자 메시지로 알리는 활동을 지속적으로 수행하고 있다.

바우처 시스템에 대한 단순 홍보 이상으로 새롭게 시도되는 전자바우처의 전산 운영 체계 고도화 작업도 지속적으로 추진되어야 한다. 전산 장비 운영에 소요되는 비용의 적정성을 재검토하고 휴대용 단말기 이외에도 휴대폰이나 ARS를 이용하여 결제 방식을 다양하게 설계하여야 한다. 정보 인프라가 취약한 농어촌 지역에 대해서는 별도의 결제 시스템을 마련하는 방안에 대해서도 검토하여야 한다. 짧은 시간 동안 관련 시스템을 구축하여 제도와 시스템 운영상의 쟁점들이 발생할 수 있어 지속적으로 시스템과 제도 운영상의 안정성을 강화하여야 한다.

또한 지자체, 서비스 제공 기관, 정책결정 기관 등 사회서비스 시장의 각 주체들이 편리하고 신속하게 업무를 처리할 수 있도록 유관 시스템을 지속적으로 고도화하여야 한다. 나아가 사회서비스 정책의 성과관리에 효과적으로 활용할 수 있도록 사례관리 시스템으로 확장하여야 한다. 현재 시스템만으로도 대상자의 기본 정보에 기반하여 어떤 서비스(바우처)가 얼마나 지급되고 그 중 얼마나 사용되었는지를 실시간으로 관리 가능하지만 정책의 성과관리 시스템으로서는 아직 한계가 있다. 향후 서비스 대상자에 대한 종합 사례 관리가 가능하도록 시스템을 지속적으로 확장하여 제공된 서비스의 적정성과 중복 여부를 관리할 수 있도록 발전하여야 한다.

한편, 사회서비스 정책이 활성화될 경우 보건복지부에서 운용하는 각종 사회복지 프로그램들 중 정기적으로 개인 혹은 가구별로 현금이 지원되는 중앙 일괄 결제 방식으로 통합 운영할 수 있는 사회복지 서비스 포털 시스템 구축 방안에 대해서도 검토할 필요가 있다. 특히 기초생활 보장 급여에서의 현금 지원과 사회서비스 바우처 사업들이 연계될 경우에는 개인별 사례 및 성과관리가 좀더 체계적으로 가능하다. 축적된 정책정보를 통하여 지자체에서는 수급자들에 대한 생활설계 기능을 강화할 수도 있다.

3) 사회서비스의 품질과 시장관리 과제

일반 서민들을 위한 보편적 서비스로서 사회 투자 프로그램들이 다양하게 개발되고 일정 수준의 자기 부담을 포함한 국가의 복지 지원 서비스들이 소비자와 공급자가 만나는 시장 기구를 통하여 활발히 유통될 때 전자바우처 시스템의 우수성이 부각될 수 있다. 그런데, 이를 위한 사회서비스 시장의 조건이 있다는 점에 주의를 기울여야 한다.

사회복지 서비스의 시장화가 합리적인 방향 설정인가에 대한 가치와 철학적인 논쟁을 잠시 뒤로 미룬다면, 보편적인 사회서비스의 활성화 여부는 합리적인 시장 체계가 작동하는 정도에 따라 평가될 것이다. 전형적인 시장실패 영역으로서 정부가 수직 계통의 규정과 지침을 통하여 공급자의 표준적 관점에서 일방적으로 제공하였던 사회복지 서비스 영역에서 합리적인 시장관리는 낯선 정책 과제이다. 시장 기구를 구성하는 핵심 요소는 소비자, 생산자, 그리고 가격과 공정 거래이다. 시장의 참여 주체가 합리적인 경제 행위를 수행하기 위해서는 시장 합리성의 전제 조건들이 충족되어야 한다.[4]

(1) 사회서비스의 시장 가격 설계

합리적인 '가격'을 위해서는 정부에서 무료로 제공하는 (유사) 사회복지 서비스와 시장에서 균형 가격이 설정되어 있는 민간시장 상품의 중간 수준에서 사회서비스 전자바우처 상품의 적정 가격이 설계되어야 한다.[5] 시장에서 자연스럽게 형성되는 균형 가격이 아니며 정부가 인위적으로 제시하는 가격이기 때문에 초과 수요와 초과 공급의 쟁점이 항상 제기될 수 있다. 또한 정부의 가격 보조를 통하여 인위적인 시장 공급자가 확대되는 과정에서 (지역의) 노동시장에서의 균형 조정 과정도 거칠 수 있다.

상품의 가격이 높아지면 사회 기반 확충 효과나 소비자의 만족, 그리고 사회서비스 시장 일자리 창출 효과는 크지만 지역 노동시장의 균형이 조정되어 자원 배분의 왜곡이 발생할 수 있고, 반대의 경우에는 노동시장 균형에 대한 부정적 효과는 적지만 사회 투자로서의 기

---

4) 이와 같은 조건들을 체계적으로 운용하기 위하여 '사회서비스관리센터 혹은 다른 통합된 업무 지원기관'은 현재의 '사회서비스 급여결제' 기능 이외에도 사회서비스 '상품 품질관리' 기능과 사회서비스 '시장의 공정 경쟁관리' 기능도 병행하여 수행하여야 한다.

5) 민간 복지기관이 보호시장에서 경쟁하는 노인돌보미 바우처 사업의 경우에는 '가격' 설계에서 돌보미의 임금 수준도 주요한 변수로 고려하여야 한다.

능이 취약해질 수 있다. 결국 자원 배분의 효율성 관점에서 새로운 시장과 가격 균형 과정이 합리적인지 여부에 대한 체계적인 모니터링이 필요하다.

(2) 시장에서 소비자의 권리 보호

사회서비스 시장에서 소비자의 권리를 보호할 수 있는 시장 조건이 마련되어야 한다. 사회복지 서비스의 수동적 수급자가 아니라 자기 의사 결정을 통한 합리적인 시장 소비자의 경제 행위를 지원하기 위한 제도들이 뒷받침되어야 한다. 무엇보다 정부에서 제시한 가격과 상품의 품질에 대한 시장 정보가 정확하게 제공되어야 한다. 또한 정부는 소비자의 잠재적 사회서비스 욕구(수요)를 파악하고 시장에서 거래될 수 있는 서비스 상품에 대한 규격 승인을 통하여 소비자의 신뢰를 확보하여야 한다. 마지막으로 자유로운 소비자의 선택이 가능하기 위하여 소비자 피해구제 관련 제도와 활동 체계도 정비하여야 한다.

이용자에게 지급되는 사회서비스 전자바우처 카드에는 소비자의 자부담뿐 아니라 정부의 지원금도 포함되어 있다. 하지만 소비자는 자부담만을 기준으로 해당 서비스의 적정 가치를 판단하는 경향이 있다. 예를 들어 노인돌보미 서비스는 월 27시간에 자부담 3만 6천원과 정부지원금 20만 2,500원을 합한 23만 8,500원의 서비스를 받도록 설계되어 있다. 소비자는 바우처 전체 금액보다는 본인이 납부한 3만 6천원 만 생각하여 적극적으로 서비스를 요구하지 못할 수도 있다.

자부담 금액이 크지 않고 민간기업들이 본격적으로 진출한 지역사회서비스 혁신사업에서는 이와 같은 현상들이 발생할 가능성이 더

높은 편이다. 이른바 바우처에 따른 대표적인 시장의 위험 요소들이다. 이용자의 상당 정도가 사회적 약자이기 때문에 적극적인 소비자 권리를 요구하지 못할 가능성도 배제하지 못한다. 이들의 불만과 피해 상황에 대해 좀더 강화된 세심한 소비자 권리 보호 장치가 모색되어야 한다.

(3) 상품 품질(유통)관리와 경쟁시장에서 역량 있는 공급자

시장에서 공급자는 경쟁력 있는 기업이 되어야 한다. 우선 정부가 설계하였거나 혹은 정부로부터 규격 승인을 받은 서비스 상품이 시장에 원형 손실 없이 그대로 유통될 수 있도록 품질 모니터링 기능이 필요하다. 또한 동일 상품에 대하여 다수의 기업이 시장에 참여하고 기업들 간에 담합 행위 없이 공정한 경쟁이 이루어져야 한다.

사회서비스 분야는 시장실패 영역이고 정부가 시장을 인위적으로 창출하기 때문에 초기 참여 기업은 제한적이다. 사회복지와 성격이 중첩되는 부분이 많기 때문에 민간기업 모두에 시장 영역을 개방하는 데도 한계가 있다. 따라서 경쟁이 제한된 보호시장 영역에서 적정 수준에서의 경쟁 구조가 형성될 수 있는 시장관리 기능이 설계되어야 한다. 마지막으로 시장 활성화의 조건으로 기업 스스로가 상품의 체계화된 품질관리가 가능할 수 있도록 총품질관리 시스템(TQM)의 구축을 지원하고 수요자를 수급자가 아닌 고객으로 설정하는 고객관계관리(CRM) 체계의 운용도 지원할 필요가 있다.

4) 사회서비스 전자바우처 사업의 성과관리

복지 분야에서 결과 지향적 성과관리를 강조하는 것은 익숙하지 않을뿐더러 특별한 의미를 가지지 않을 수도 있다. 이는 빈곤과 질병에 대한 잔여적 수요관리 정책에서 제기되는 비판이다. 사회적 가치에 따라 적정 수준에서 지출이 제한되어 있는 가운데 구조적 한계가 얽혀 있는 사회복지 영역에서 결과 지향적 성과관리는 효과적이지 않을 수 있다.

[그림 6-2] 수요자 중심 사회서비스 정책관리를 위한 단계적 접근

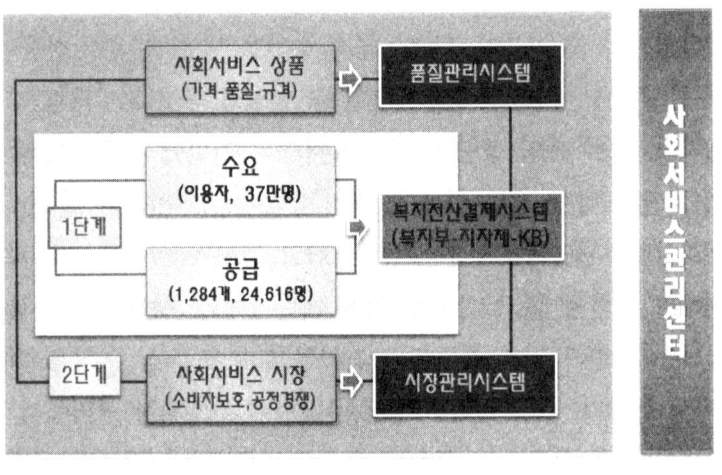

더욱이 성과평가와 예산 재원 배분의 연계를 강화하는 과정에서 성과주의 혁신은 복지 예산 축소를 위한 변명이라는 비난도 강하게 제기될 수 있다. 실제로 주요 국가들에서 적지 않은 사례도 있다. 결과 지향적인 성과주의가 바람직하지 않거나 현실적으로 가능하지 않기 때문에 사회복지 분야에서는 '전달 과정의 효율성'에 대한 과정 중심의 성과관리에 초점을 맞춘다.

그런데, 사회 투자를 지향하는 사회서비스 영역에서의 성과관리는

잔여적 복지 프로그램과는 성격을 달리 설계될 필요가 있다. 경제 영역과 좀더 직접적인 통합을 전제로 하는 사회적 기반 확충을 위한 사회적 투자 프로그램에서는 과정(process)보다는 산출(output)과 결과(outcome) 지향적 성과관리가 강조되어야 한다. 관련 프로그램 자체가 지향하는 성과들이 상대적으로 구체적이며 필요한 서비스에 대한 최적 지출이 수반되는 만큼 성과관리와 성과계약 방식들이 다양하게 설계될 수 있다. 사회서비스 전자바우처 사업은 기본적으로 네 가지 성과관리에 초점을 맞추어야 한다.

첫째, 공공의 재원을 지출하는 모든 분야에서 기본적으로 강조되어야 하는 것으로 전달 체계의 투명성과 효율성에 대한 성과관리가 필요하다. 전자바우처 사업이 공급자 중심 방식보다는 전달 비용에서 효율적이어야 한다는 사실이 객관적으로 입증되어야 한다. 또한 바우처의 유통 과정에서 발생할 수 있는 부정 사용에 대한 사전적 및 사후적 관리 조치가 체계화되어 투명성 측면에서 납득할 만한 성과관리가 필요하다.

둘째, 사회서비스 전자바우처 사업은 사회적 기반 확충을 위한 전략 투자 프로그램으로 설계되어 있다. 따라서 이를 소비하는 개인들은 사업이 목표로 하는 궁극적인 목표를 충분히 달성하여야 한다. 이는 개인적인 사례관리를 통하여 측정 가능하다. 서비스를 이용한 신청자의 전후를 비교 분석하고 서비스를 이용하는 경우 시간이 경과하면서 개인의 성과들이 변하는 정도를 평가하여야 한다. 사례관리에서 납득할 만한 성과를 확보하지 못하는 사회서비스 사업에 대한 재원 배분은 축소하고 반대의 경우는 더욱 적극적인 투자 지출을 강화하는 성과계약 접근도 병행되어야 한다.

셋째, 사회서비스 전자바우처 사업 자체가 추구하는 정책의 성과

관리 체계가 구축되어야 한다. 노인, 장애인, 산모 및 신생아, 아동 등으로 구분되는 사회서비스의 정책 분야에서 전자바우처로 운용되는 개별 사업이 가지는 비중은 차별적일 수 있다. 따라서 우선 해당 전자바우처 사업이 정책 분야별 프로그램 구조 내에서의 비중과 위치를 확인하고 전체 정책 분야에 미치는 산출 및 결과 지향적 성과들을 측정・평가하여야 한다.

마지막으로 사회서비스 시장 활성화 및 일자리 창출 성과 역시 전자바우처 제도가 관리하여야 할 주요한 정책의 성과 가운데 하나이다. 이는 사회서비스 확대를 통한 일자리 확충이라는 국정 과제와 직접적으로 연계되어 있다. 청년 및 중고령자 실업 문제가 지속적으로 증가하면서 국가에서는 제조업이 창출하기 힘든 일자리 영역을 사회서비스 산업에서 적절한 일자리 창출을 모색하고 있다. 그런데, 이와 관련된 성과들은 중장기적으로 확인 가능하기 때문에 단계적인 성과관리 접근이 필요하다. 공공근로와 같은 사회적 일자리와는 달리, 사회서비스 전자바우처 사업의 경우 현실 노동의 관행에서 정부 지출은 곧바로 기대한 만큼의 시장 일자리로 증대되지 않고 일정한 시차를 두면서 나타난다는 점이 고려되어야 한다.

7

어려운 숙제, 적정한 수준에서 균형

새로운 서비스와 새로운 공급 방식을 도입한 2007년도의 제1단계 작업들이 마무리되고 이제 정착과 확산 그리고 성숙 단계로 진입하고 있다. 전자바우처의 지불 결제 시스템을 구축·운영하는 데 주된 초점이 맞추어졌던 1단계와는 달리 관련 사업의 제도적 기반을 마련하여야 하는 2단계 작업들은 좀더 시간이 필요할 것 같다.

여기서 필요한 시간은 새로운 제도의 이면에 전제되어야 하는 사회적 합의를 모색하는 데 할애될 것으로 전망된다. 복지 마인드와 자원봉사 그리고 예외적이고 잔여적인 기초 복지 서비스를 넘어 사회 서비스를 시장 기구 속에서 공급하는 보편적 복지를 지향하면서 기존의 제도 혹은 사회 질서와 적정 수준에서 경계들을 설정하여야 하기 때문이다.

사회봉사와 기여라는 전제가 설정될 경우에는 서로가 자율적으로 규제하는 분위기 속에서 이해관계자들 간의 합의 모색이 상대적으로 용이할 수 있다. 하지만 지금의 전자바우처 사업들은 합리적이고 이기주의적인 시장 참여자들 간의 경제 활동에서 시장 균형이 요구된다. 원론적으로 시장은 자연적으로 균형을 달성할 수 있는 힘이 있다고 전제되지만 현실에서는 반드시 그러하지 못한 시장실패 현상을 흔히 목격할 수 있다.

사회서비스 시장에서 균형을 찾기가 쉽지 않은 이유 중 하나는 한정된 국가 예산 총량 범위 내에서 참여자 모두가 동시에 만족할 수 있는 예산 자원 배분이 이루어져야 한다는 사회적 요구가 크기 때문이다.

취약 계층을 넘어선 일반 서민 모두가 이용할 수 있도록 사회서비스의 이용 가능 대상층이 확대되어도 주된 이용자들은 사회적 약자인 경우가 많다. 이들에게서 시장의 자율적인 선택이 소비자 주권과 반드시 동일한 방향으로 진행되리라고 보장하지 못한다. 시장에서 발생할 수 있는 각종 위험 요소들에 상대적으로 많이 노출되어 있기 때문이다.

민간 기업들도 사회서비스를 제공할 수 있도록 시장을 개방하지만 절반 이상의 서비스 제공 기관은 비영리 민간 복지기관들이다. 적극적인 경영 활동을 통하여 시장을 확보하고 수익을 창출하도록 유도하지만 기존의 관행들이 있어 쉽게 적응하지 못할 수 있다. 더욱이 해당 기관의 사회적 역할이 사회서비스 시장 사업에만 국한되지 않고 전통적인 기초복지 서비스를 병행할 경우에는 봉사와 경영 사이에서 이중의 역할을 수행하는 혼란 상황이 발생할 수도 있다.

또한 사회서비스 시장에서 적극적 경영 활동을 통하여 창출된 수익으로 전통적인 복지 영역의 사업들을 더욱 확대할 수 있다는 기대가 있는 반면 다른 한편으로는 정부가 적정 수입을 보장하는 전통적인 공급자 지원 방식의 사업 영역에서의 비공식적인 잉여 재원이 새로운 신규 사업을 위하여 소비되는 악순환도 가능하다. 후자의 비중이 크다면 취지가 아무리 좋아도 사회서비스 시장화가 제공 기관들로부터 정당성을 확보하기가 쉽지 않을 수 있다.

마지막으로, 사회서비스 시장에 종사하는 현장 서비스 제공자들은 정규적인 임노동자와 자원봉사의 중간에서 모호한 상황에 놓일 수 있다. 일반적인 서비스 분야의 시장 일자리와는 달리 임금의 상당 부분을 국가가 지원하는 가운데 (그래서 예산 상황에 따라 임금 통제가 불가피한 가운데) 사회적 보호가 필요한 이용자들의 폭발적인 서비스 욕구들을 감당하여야 한다. 사회봉사를 위한 역할에서는 충분히 납득이 가지만 그것으로 생계를 감당하여야 하는 근로자의 신분이 되면 상황은 달라질 수 있다.

'누구도 손해 봐서는 안 된다.' 자유로운 시장의 합리적인 조정기구는 참여자 모두의 효용이 극대화될 수 있는 파레토 최적을 보장한다. 하지만 사회서비스는 현실과 너무나 밀접하게 연계되어 있어 최적 균형을 찾는 시간 여유를 인정하지 않는다. 새로운 사업과 낯선 전산관리 시스템이 효과적으로 사회복지 정책의 큰 틀 속에 정착되기 위해서는 참여자들 간의 적정 수준의 욕구 조정이 필수적이다.

사회서비스 전자바우처 사업은 취약 계층에 대한 전통적인 복지서비스와는 달리 사회 투자적 특성을 강조한다. 이에 따라 관련 서비스의 의의와 내용에 대한 인식과 서비스 개발에서 많은 애로를 가지고 있다. 또한 다양한 형태의 개인 서비스(human service)를 일회성이 아닌 지속성을 가지는 전자바우처 방식으로 운용하기 위한 제도 설계에서도 적지 않은 곤란을 겪고 있다.

무엇보다, 사회적 기반 확충을 위한 사회 투자적 서비스에 대한 인식 확산이 필요하다. 급격한 사회 경제구조의 변환이 진행중인 한국 사회에서 가족과 지역의 사회적 역할에 위기가 발생하고 있다. 이에 따라 사회적 기반이 취약해지면서 기회 상실이나 사회적 배제, 그리고 부실한 예방 투자로 인하여 사회적 불안정과 일상 생활에서 불만과 피로 그리고 삶의 기대감 상실이 누적되고 있다. 이는 곧 국가의 생산성 약화로 연결되어 성장잠재력을 저해하는 구조적 한계가 된다.

전통적인 관점에서는 사회복지라고 생각되지 않았던 많은 범주들이 국가 혹은 사회가 대응하여야 하는 절실하고 필수적인 공공서비스가 되고 있다. 사회적 통합과 기회 균등, 그리고 앞선 예방 투자를 통한 인적 자산 육성을 위한 사회서비스가 제대로 된 사회적 투자로 지속되어야 한다는 국민적인 공감대 형성을 위한 많은 검증과 논의들이 필요하다.

이용자 중심으로 전자바우처 시스템의 전산관리 방식 고도화 작업은 체계적인 정책관리뿐 아니라 서비스 제공 현장에서의 정책적인 정당성을 높이는 데 필수적인 과제이다. 가정으로 배달되어 온 신용카드를 보면 심리적으로 부담이 된다는 이용자들이 여전히 적지 않고, 휴대용 단말기를 사용한다는 것 역시 제공 기관 실무자와 종사자들이 충분히 적응하지 못하고 있다. 전자바우처 카드에서 사회서비스가 읽혀지고 그 속에서 개인의 삶의 희망이 체감되어야 한다. 그리고 휴대용 단말기에서는 납세자 책임뿐 아니라 종사자들의 일자리가 느껴질 수 있도록 좀더 편리하고 부담 없는 전산 시스템이 만들어져야 한다.

한편, 사회서비스 시장에 대한 정부의 개입 및 관리 방식에 대한 체계적 관점 정립이 필요하다. 보편적 서비스가 시장기구를 통하여 공급되면서 서비스 활성화를 통한 사회적 통합과 새로운 시장 일자리 창출 효과가 기대되는 것은 사실이다. 이는 효율적이고 현명한 사회복지 시스템 구축을 위한 새로운 대안이 될 수 있다.

시장은 효율적이기는 하지만 정부실패 못지않게 구조적인 시장실패 요인들을 안고 있다. 사회서비스 시장이 활성화될 경우 한정된 공급기관들의 가격 담합과 서비스 독점, 바우처의 현금화를 시도하는 부정 사용, 시장에서 참여 기업들 간의 공정 경쟁과 서비스 품질관리, 서비스 제공 인력을 위한 체계적인 노사관계 등의 정책 쟁점이 예상된다. 따라서 전자바우처 서비스 시장에서 예상 가능한 시장실패 요소들을 확인하여 초기 단계에서 적극적으로 대응할 수 있는 합리적인 시장관리 시스템을 병행·구축하여야 한다.

부 록

<부록 1> 사회서비스 전자바우처 브랜드: '희망e든'

사회서비스 전자바우처의 브랜드인 '희망e든'은 희망이 가득한 사회서비스와 전자바우처의 개념을 동시에 표현하고 있다. '희망e든'의 CI 중 심볼은 어머니가 아이를 품고 있는 이미지로서 사랑과 포용을 의미함과 아울러 사과의 이미지를 함께 표현하여 결실의 의미를 담았다. 또한 로고 중 'e'는 초음파를 이용해 길을 찾는 돌고래를 표현한 것으로서 전자바우처와 찾아가는 서비스의 의미를 동시에 담고 있다.

<부록 2> 2007년도 지역사회서비스 혁신사업

□ 서울특별시

	사 업 명	가격(천원)	자부담(천원)	시작월	서비스내용(07년)
시도 개발	Easy Move Center 운영 (장애인 운전능력개발센터 운영)	1000	200	8	장애인운전 능력개발
	어린이 체험학습 서비스	52.5	2.5	8	지역보물탐사, 역사속인물만나기, 주제별탐사, 신나는 놀토
	장애아동용 맞춤형 휠체어 렌탈 및 리폼 서비스사업	50	10	8	중증의 지체, 뇌병변 장애아동 및 청소년들에게 성장단계에 맞는 휠체어 린탈
중구	건강가정 클린 119서비스	150	22	9	저소득 가정집 청소 및 해충구제 지원서비스
용산	독거노인 등 취약가구 대상 소독방제서비스	160	20	9	해충퇴치, 집먼지 진드기제거 등 맞춤형 방제서비스
성동	청소년 영어체험 캠프	100	10	8	미국의 실제가정 및 사회생활체험, 영어능력향상을 위한 체험, 놀이, 기초학습지원
	장애아동청소년을 위한 home therapy service(H.T.S)	240	40	8	장애아동 및 청소년을 대상으로 언어치료, 미술치료, 놀이치료
광진	글로벌 인재육성을 위한 청소년 영어체험 캠프	100	10	9	미국의 실제 가정 및 사회생활 체험 (합숙형 및 통학형 중 선택)
동대문	주민 건강 방역서비스(a)	16	2	8	주민들에게 전염병예방을 위한 방역서비스 실시
	주민 건강 방역서비스(b)	27	3	8	주민들에게 전염병예방을 위한 방역서비스 실시
	주민 건강 방역서비스(c)	45	5	8	주민들에게 전염병예방을 위한 방역서비스 실시
중랑	문제행동 아동 조기 개입 서비스	210	30	9	심리검사를 통한 정서 및 행동평가와 상담서비스
성북	재녀사랑 부모학교	100	15	8	건강한 가정을 위한 부모교육 운영(총8회, 2개월 과정)
강북	저소득 청소년 영어체험캠프운영(a)	160	20	8	합숙형 영어캠프(5박6일 정규프로그램)
	저소득 청소년 영어체험캠프운영(b)	100	10	8	합숙형 영어캠프(1박2일 정규프로그램)
은평	글로벌 인재 육성을 위한 저소득층 청소년 영어체험 캠프	160	10	8	영어캠프
서대문	서대문 톡톡 영어마을 캠프	160	10	9	영어캠프
마포	저소득 청소년 영어체험캠프 운영	160	30	8	원어민 교수에 의한 실용 영어회화 학습 서비스
	결혼이민자 및 외국인노동자를 위한 사회통합프로그램운영계획	210	10	9	한글, 한문화 교육
	영어동화(StoryTelling) 읽어주기	140	20	8	아동수준에 적합한 영어동화를 읽어주기
양천	자기 주도적 평생학습지원을 위한 토요체험활동 지원사업	90	10	9	문화, 역사, 농촌체험(월2회)
구로	웰빙하우스 지원사업	129	20	8	저소득 가정주방, 욕실, 침대매트리스 청소사업
영등포	아동 발달 검사 및 심리치료 지원 프로그램	150	15	9	아동심리 검사 및 치료
동작	사랑하는 우리가족, 행복테마여행!	130	26	8	계절시기에 맞는 테마여행지 선정 추천 안내서비스
	Fun Fun English School	110-120	10~20	8	팝송배우기, 이야기책읽기, 일상대화를 통한 영어교육 위주
관악	저소득가정 어린이 야간보호서비스	240	40	8	야간보육서비스 및 교육문화지원서비스
서초	열린학교 주말체험학습서비스	100	10	9	대학교와 연계한 체험 학습 프로그램
강남	천식, 아토피, 알레르기 질환자 가정을 위한 -「건강한 집 만들기」 지원서비스	125	10	8	해충퇴치, 집먼지 진드기 제거, 종합살균 방제 및 정보제공
	문화랑 놀자! -청소년 놀토 문화체험 지원사업	100	10	8	토요휴업일을 활용한 월별테마 문화체험활동
	문제행동장애 아동 등 - 위기가정 지원 사업	200	10	8	가족치료, 아동상담서비스, 가족여행
송파	발달장애청소년의 재능개발을 위한음악교육 서비스	240	40	8	전문연주자와 발달장애인의 1대1 음악교육
	탈북청소년 정서지원(취미활동) 서비스	120	20	8	태권도, 미술, 피아노 등 취미생활(정서지도)
	Global English Leader양성과정운영	240	40	8	사전과정 및 4개의 본과정으로구성되어 1년간 운영되며, 수준별 단계별 교육
강동	육아용품 및 장남감 대여 서비스	33	6	10	육아용품 및 장난감 대여 서비스

□ 부산광역시

	사 업 명	가격(천원)	자부담(천원)	시작월	서비스내용(07년)
시도개발	1.3세대 통합교육프로그램 「세대공감 Old & New」	200	40	9	- 자연체험(농작물수확, 수목원 자연체험), - 공예체험(나무공예, 점토공예, 천연염색, 짚풀공예) - 전통문화체험(전통놀이, 전통 먹거리)-교육프로그램 - 예절교육(기본예절, 인사예절, 가정예절, 음식예절) - 인성교육(명상, 서예) 및 한문교육(사자소학)
	고령자 은퇴후 생애설계 서비스제공 및 서비스제공 전문인력 양성 프로그램	220-240	20~40	9	노년기 생애설계과정, 영역별 자기진단, 생애경력개발방향설정, 맞춤형상담서비스
	근로자들의 근로의욕 향상과 가족문제 예방을 위한 EAP(Employee Assistance Program) 프로그램	220-250	20-50	9	-가족관계 향상을 위한 가족상담 서비스 -여가 및 문화체험활동 -건강검진서비스 -노무 및 재정상담
	독서지도를 통한 아동 역량강화 서비스	60	5	12	아동인지능력향상, 온라인독서지도, 일대일독서지도, 부모교육
중구	건강한 노후생활을 위한 「Well Aging」 사업	100	15	8	음악치료, 미술치료, 원예치료, 댄스치료 등 치매 예방을 위한 상설강좌 및 프로그램운영
	아동현장체험 프로그램 문화이야기 사업	150	15	8	허브농장 견학, 갯벌체험, 포도수확, 래프팅체험, 쨈만들기 등미래설계 직업체험 , 직업적성검사, 성격유형검사, 원어민 영어강습, 영어마을체험
서구	점프 잉글리쉬	220	30	9	원어민 영어교실(하루 2시간, 20일 프로그램)
동구	아동과 가족을 위한 상담치료서비스	195	15	8	심리평가 및 진단, 아동심리치료, 가족상담 및 치료, 발달평가 및 진단, 아동치료
영도	행복 영도 겨울방학 영어캠프	300	100	12	통학형 영어캠프, 활동중심 교과과정(팝송,웅변,연극,댄스,요리), 체험학습(해양레포츠,대학박물관 견학 등)
	Weekday 영어교실(주중반)	120	0	10	원어민 활용 영어 체험, 다문화 체험
	장애자녀 가구경제활동 서비스	230	30	9	-가정 돌봄 및 도우미파견서비스 -지역사회재활시설 보호서비스
	Weekend 영어교실(주말반)	150	0	10	원어민 활용 영어 체험, 다문화 체험
부산진	"English Start" 어린이 영어교실	130	20	9	원어민 및 내국인 강사의 회화위주 교육
동래	문제행동 및 장애아동,청소년 사회성향상 통합지원 서비스	200	20	9	개별상담 및 교육진단, 부적응아동 장애아동 청소년특수심리치료 및 사회성증진훈련, 장애아동청소년 부모지원
남구	하계 방학 어린이 영어캠프지원서비스	300	100	8	한국인 및 원어민강사로 구성된 영어회화, 노래, 연극프로그램 수학, 사회, 음악, 미술 등의 영어학습프로그램
	어린이 영어교실지원 서비스	150	20	8	한국인 및 원어민 강사의 영어회화 위주의 교육
북구	꿈나무과학탐구교실	50	8	8	천체관측, 과학축제참관, 과학자와의 만남·첨단과학연구시설, 과학관, 원자력발전소 등 방문금정산, 낙동강유역 등 자연생태탐구
해운대	장애아동을 위한 홈티쳐 파견사업	240	40	9	미술 및 언어 치료, 아동 도우미, 학습지도 등
	장애아동을 위한보육형 홈티처 양성사업	220	20	8	직업 기초 교육, 장애아동 지도 관련 전문교육, 현장실습
사하	맞춤형고용복지통합지원서비스	100	0	9	근로여건조성, 능력강화, 근로기회제공, 각종 사회 서비스연계, 취업창업지원서비스 등
	I love English 어린이영어교실	220	30	9	원어민 및 내국인 강사의 회화위주 교육
금정	장애인 특수치료 서비스	227	27	9	놀이치료,음악치료, 미술치료, 언어치료, 원예치료, 꽃누르미 교실, 리본아트 등
강서	꿈나무양성영어캠프	250	50	12	-주3회이상 원어민과 함께하는 영어수업 -영미 문화체험 및 다국적 다문화교육 -영어회화 및 작문
	꿈나무양성영어교실	220	20	10	원어민영어교실
연제	Yeonje 꾸러기 English(영어교실)	160	30	9	원어민 활용 영어 체험(주2-3회)
	Hi English 영어캠프	220	20	8	-원어민 영어교실 : 주2-3회 방과 후 영어교실 -신나는 영어캠프 : 여름방학 기간 중 3박4일
수영	Fun English Camp	220-300	20~100	8	한국인 및 원어민강사로 구성된 영어회화, 노래, 연극프로그램 수학, 사회, 음악, 미술 등의 영어학습프로그램
	Fun English School	140-160	10-30	8	원어민 영어
기장	아동을 위한 「즐거운 토요문화탐방」 프로그램	110	10	9	지역문화유산답사, 자연체험및민속학습, 문화재순례
	장애인 가구 경제활동 참여 지원서비스	250	50	9	주간보호서비스, 부모지원서비스, 가족캠프

□ 대구광역시

	사 업 명	가격(천원)	자부담(천원)	시작월	서비스내용(07년)
중구	아동건강발달을 위한 조기 개입서비스	230	30	9	인지행동치료, 언어치료, 놀이치료, 미술 및 음악치료, 부모상담
동구	쾌적한 생활환경 지원을 위한 맞춤형 홈케어서비스	200	10	9	침대, 소파, 화장실, 세탁조 등
	장애아동 등 건강. 교육. 발달지원서비스	224	24	9	-맞춤형조기개입서비스 : 언어, 미술, 놀이, 인지학습프로그램 -전문상담지원서비스 : 인지심리검사 및 상담, 부모 상담 및 교육 -치료교사 또는 특수 교사의 방문에 의한 방문형 서비스 제공
서구	서구 생활환경지원을 위한 지역 맞춤형clean 도우미사업	220	20	9	집안 내외 해충방제서비스, 집먼지 진드기 방제
	장애아동 청소년통합지원서비스	220	20	11	방문치료, 놀이. 모래. 행동. 학습인지치료, 사회성향상을 위한 집단치료
	여성결혼이민자 및 자녀.가족 사회통합서비스	220	20	9	한국어 및 기타교육, 결혼이민자 자녀 내니서비스, 아동 교육 지원서비스
남구	점프교실(장애아동/청소년방과 후 교실 및 치료사 파견사업)	240-320	40-120	8	-방과후 돌봄서비스 -부모 지원 : 스트레스 관리, 자조모임 지원,자녀 이해 교육 등 -방문형 치료 지원서비스 : 언어치료, 미술 치료, 심리 상담 등
북구	청소년 영어 체험캠프	200	20	11	합숙 연수형 영어캠프서비스
	문화와 만나는 신나는 놀토! The funny school!	55	5	9	동화구연,전통놀이,음악교실, 문화체험학습 , 영어, 자연, 문화답사 캠프 등
	장애아동의 행복한 세상 만들기	240	40	8	-맞춤형조기개입서비스:언어,미술,놀이,인지학습프로그램 -전문상담지원서비스 : 인지심리검사 및 상담, 부모 상담 및 교육 -운동 지각 능력향상서비스 : 운동능력 검사 및 상담
수성	장애아동 등의 건강/교육/발달지원서비스	214	14	8	-맞춤형조기개입서비스:언어,미술,놀이,인지학습프로그램 -전문상담지원서비스 : 인지심리검사 및 상담, 부모 상담 및 교육 -치료교사 또는 특수 교사의 방문에 의한 방문형 서비스 제공
달서	장애청소년 즐거운 동아리	120	20	8	-맞춤형조기개입서비스:치료레크레이션,음악치료,미술치료 등 -가족지지서비스 : 부모상담 및 교육, 자조모임 지원 등
	장애 및 취약 계층 아동을 위한 놀이치료서비스	150	15	8	장난감대여, 현장 놀이 교육 및 치료
	중소기업근로자 및 근로자가족심리상담 지원 서비스	120	20	8	각종심리검사, 스트레스관리, 직무만족 향상, 부부상담, 감수성 훈련, 대인관계개선
달성	장애아동 건강교육 발달지원서비스	220	20	9	-맞춤형조기개입서비스 : 언어, 미술, 놀이, 인지학습프로그램 -전문상담지원서비스 : 인지심리검사 및 상담, 부모 상담 및 교육 - 치료교사 또는 특수 교사의 방문에 의한 방문형 서비스 제공

□ 인천광역시

	사 업 명	가격(천원)	자부담(천원)	시작월	서비스내용(07년)
시도개발	청소년 영어 체험캠프	220	20	9	원어민과 함께하는 영어 캠프
	저소득층창업가구 자립지원 서비스제공 전문인력 양성사업	460	60	12	저소득층 창업경영 통합지원을 위한 전문서비스 제공 인력양성교육
	중증장애아동 발달 지원서비스	220	20	8	언어치료,심리치료,작업치료 등
계양	노인성 관절질환의 치료와 예방을 위한 아쿠아 치료교실	100	10	9	수중관절운동
서구	저소득자녀영어교육지원서비스(영어캠프)	230	30	11	캠프형 영어교육지원서비스(3주 또는 3박4일)
	저소득자녀영어교육지원서비스(초등정규, 특별프로그램)	80	10	9	영어마을, 캠프이용 서비스
	재활치료지원사업	230	30	8	재활,작업,언어,심리치료

□ 광주광역시

	사업명	가격(천원)	자부담(천원)	시작월	서비스내용(07년)
시도개발	노인도우미가 제공하는 맞춤 건강한 환경지원서비스	200	20	10	거실, 침실, 주방, 침대, 소파, 화장실, 커튼, 이불, 냉장고 등 청소 및 방역실시
	고령자 은퇴후 생애설계 서비스 제공 및 전문인력 양성 프로그램	220-240	20~40	8	노년기 생애설계과정, 영역별 자기진단, 생애경력개발방향설정, 맞춤형상담서비스
동구	맞춤형고용복지통합지원서비스	100	0	9	근로 빈촌층의 자립 지원 위한 지역사회 중심의 통합사례관리 서비스제공 : 돌봄서비스연계, 학습서비스연계, 사회 서비스연계, 일자리제공 및 취업/창업지원서비스, 지역자원동원 등
	근로자 복지향상을 위한 EAP 서비스	45	5	9	근로자심리상담서비스와 여가운동서비스 중 1개 선택
	장애청소년 재활능력향상을 위한 "Leports Dream School" [사회통합서비스]	198	18	9	수영, 농구, 배드민턴, 청소년일반, 심리상담, 1:1희망1촌맺기 등
서구	천식, 아토피, 알레르기 질환자 가정을 위한 맞춤형 건강한 집 만들기 사업	125	10	9	해충퇴치, 집먼지 진드기 제거, 종합 살균, 방제 중 선택
	문화사각지대 아동을 위한 보충적 지원서비스 "비전트립"	85	5	9	청소년에게 비전을 품을 수 있도록 다양한 장소 견학
	맞춤형고용복지통합지원서비스	100	0	9	근로 빈촌층의 자립 지원 위한 지역사회 중심의 통합사례관리 서비스제공 : 돌봄서비스연계, 학습서비스연계, 사회 서비스연계, 일자리제공 및 취업/창업지원서비스, 지역자원동원 등
남구	비전형성지원서비스	175	10	12	방학을 이용한 영어문화 체험 및 자기성장 프로그램
	전세대 통합 효사랑 체험지원 서비스	20	2	9	-체험프로그램: 자연체험, 인성체험, 과학체험, 온고지신체험 -교육프로그램: 영어교육, 한문교육, 예절교육
	맞춤형고용복지통합지원서비스	100	0	9	근로 빈촌층의 자립 지원 위한 지역사회 중심의 통합사례관리 서비스제공 : 돌봄서비스연계, 학습서비스연계, 사회 서비스연계, 일자리제공 및 취업/창업지원서비스, 지역자원동원 등
	이주가정 맞춤서비스	200	20	8	아동인지능력향상서비스 북스타트, 내니(Nanny) 서비스, 방과후교실, 바이올린교실, 놀토 체험교실, 한글교실, 온누리학당, 영어배우기, 컴퓨터 활용법, 가사돌보미, 산전도우미, 취미기능교실, 행복한 가정 세움이, 한국문화체험, 피아노교실
	하나영재스쿨	340	40	8	-원어민강사, 한국인강사의 영어회화지도 -아동의 특성을 고려하여 체계적인 학습 및 인성지도
	어린이놀이터전문소독 및 바닥 개토 서비스	225	25	12	놀이터모래밭 전문소독 및 깨끗한 환경 조성사업
북구	어린이 놀이터소독서비스	140	10	8	어린이 놀이터 모래밭 전문소독
	맞춤형고용복지통합지원서비스	100	0	9	근로 빈촌층의 자립 지원 위한 지역사회 중심의 통합사례관리 서비스제공 : 돌봄서비스연계, 학습서비스연계, 사회 서비스연계, 일자리제공 및 취업/창업지원서비스, 지역자원동원 등
광산	쾌적하고 안락한 크린경로당 만들기 서비스사업	55	5	9	방역소독(세균살균, 살충) : 분기1회 실내외 환경정비 : 월1회

□ 대전광역시

	사 업 명	가격(천원)	자부담(천원)	시작월	서비스내용(07년)
시도개발	취약 계층 방역소독 지원서비스	21	1	8	소독방역(살균, 살충, 구서)
	정신장애인 토탈케어서비스	202	2	8	자립 및 지역사회적응을 위한 교육 및 상담서비스
	아동건강발달을 위한 조기 개입서비스	230	30	10	인지행동치료, 언어치료, 놀이치료, 미술치료, 음악치료, 부모상담
	장애인 성 재활 통합지원서비스	184	4	8	성상담 및 성교육
동구	새터민 정신건강지원	170	10	8	심리상담 및 임상사례관리, 음악치료, 예방 교육
	청소년 무지개스쿨	220	20	10	저소득층 중고생 영어학습서비스
중구	소외계층 문화복지 맞춤서비스	40	4	8	아동에 대한 특기 적성지도, 문화예술체험
서구	도서대여서비스	10	2	8	도서 대여
유성	결혼이민자 가족지원 서비스	120	10	8	한국어, 정보화등교육, 상담서비스
대덕	어린이놀이터 문소독	140	10	8	놀이터 이물질 제거, 모래소독
	맞춤형고용복지통합지원서비스	100	0	9	사회 서비스 연계, 취업, 창업알선, 상담

□ 울산광역시

	사 업 명	가격(천원)	자부담(천원)	시작월	서비스내용(07년)
동구	장애 등의 영유아동 건강 발달지원 사업	230	30	8	장애 조기 발견 및 중재를 위한 상담, 언어, 작업, 심리, 미술, 음악, 놀이, 청능, 체육 치료 활동 서비스
북구	결혼이민자 가정의 사회통합을 위한 행복 바우처 지원사업	200	20	9	사회통합 교육(한글, 요리, 문화) 및 사회통합 도우미(출산, 자녀교육.한국생활지원,가족상담 등) 파견 서비스
울주	결혼이민자 및 외국인 노동자 가정을 위한 사회통합프로그램사업	220	20	8	한국어 및 기초생활교육, 자녀방과후 학습지도,한국문화체험활동, 요리교육

□ 경기도

	사 업 명	가격(천원)	자부담(천원)	시작월	서비스내용(07년)
시도개발	아동잠재력 및 사회성증진을 위한 조기평가서비스	120	2	12	다중지능검사, 학습전략검사, 기질 및 성격검사 등 학습잠재력 및 사회성 평가, 평가보고서 제공, 평가결과에 따른 아동별 지도 지침서 제공
	장애 및 ADHD아동 재활심리치료지원	235	35	8	장애아 재활심리치료(병원.사설치료기관이용:음악,미술 치료 등)
	맞춤형 휠체어 렌탈 및 리폼서비스 제공사업	50	10	8	장애아의 맞춤형 휠체어 렌털제공, 휠체어 리폼서비스 제공
	English Book Start(E.B.S)	120	15	8	영어독서지도사에 의한 영어책 hearing 교육, 놀이학습을 통하여 실용영어 회화학습
수원	놀토 체험학습 및 리더십 프로그램	74	10	8	-다양한 현장 체험 학습(역사,자연,과학,문화체험등) -어린이 리더십 향상교육
성남	저소득 가정 주거환경 위생관리 서비스	220	20	8	집먼지 제거 및 찌든때 살균 등 주거환경관리 서비스
안양	체험학습 서비스	80	16	8	동굴체험, 산골체험, 도자기체험 등 테마별 체험학습
	찾아가는 재활서비스!우리 이웃 희망만들기	240	40	8	물리치료사 등 재활 치료 전문 인력이 방문하여 물리치료, 작업,언어,놀이,미술치료 등 서비스 제공, 보호자 교육병행 실시
부천	파이어니어양성지원서비스	210-220	10-20	12	원어민과 함께하는 영어문화 체험, 다양화 체험학습(1박 2일 캠프)

	사 업 명	가격(천원)	자부담(천원)	시작월	서비스내용(07년)
	비전형성지원서비스	220-240	20-40	12	맞춤형영어지원서비스 (주2일 통학형 또는 토요집중반 프로그램)
	다문화체험을 통한 전인격형성지원서비스(A)	220	20	12	각 나라의 역사,문화,지리,언어,음식 등을 소그룹으로 교육/체험,몽골문화촌,차이나타운 등 문화체험 현장 답사
	다문화체험을 통한 전인격형성지원서비스(B)	220	20	12	다양한 문화예술 직업군을 선정하여 각 직업군과 관련있는 문화활동 체험 및 답사
평택	다자녀세대 가족지원서비스	192	28	8	아동돌봄서비스 및 기타 취사, 세탁 등 일상가사지원
동두천	저소득층청소년영어체험	210	20	8	원어민 교수에 의한 실용 영어회화 학습 서비스
안산	저소득층 아동 체험학습 프로그램	80	20	8	동굴체험, 산골체험 등 다양한 내용의 현장체험학습
	늘 푸른 아동정신건강 지킴이	200	30	8	저소득층 아동 정신건강서비스
고양	실버홈 해피크리닉	60	10	8	집안 기본클리닝, 목적장소클리닝(계단,화장실,씽크대등)등 노인 거주환경 개선
과천	방임아동을 위한 정서지원서비스	150	20	9	정서심리상담, 대사회성 향상교육 일시 돌봄
구리	취약 계층주거환경위생증진 서비스	220	20	8	취약 계층 가정환경 개선서비스- 해충방제, 홈크리닝 등
남양주	주거주택청소대행서비스	220	20	8	전문적인 해충,곰팡이,진드기 방재소독서비스 집 먼지 제거, 살균등 청소대행 서비스
오산	장애아동 안심돌보미사업	222	22	8	장애아동 또는 돌보미 가정내 탁아, 교육 및 치료기관 이동지원
시흥	학령기 아동 현장문화체험 Funny-Full 투어	75	5	8	자연과학체험활동, 사회경제문화체험활동, 역사문화체험 활동 지원서비스
	장애아동 조기재활치료 지원Home Therapy 서비스	170	10	8	장애아 놀이,언어,미술,인지치료 서비스
	중증장애 부모 소진예방 위한 장애아동(청소년)Respite Care 서비스	170	10	8	장애인캠프, 나들이, 동화구연, 치료레크레이션, 문화예술활동, 식사지도, 신변자립훈련, 사회성훈련, 가족기능강화 및 형제자매 기능강화프로그램 등
	쾌적한 보금자리 서비스 (실내전문소독)	30	2	8	저소득층 가구 실내 소독서비스
군포	원어민과 함께하는 대학캠퍼스 청소년 영어교실	125	25	8	원어민영어 교사를 통한 영어능력 신장,놀이학습을 통하여 실용영어 회화 학습, 다양한 형태의 학습법을 이용한 맞춤교육
의왕	정신장애인과 가족을 위한 문화서비스	100	10	8	정신장애인 및 알콜중독자, 대상자 가족을 위한 문화예술지원사업으로 각종 문화공연 관람 기회 제공
하남	아동통합발달지원서비스	230	30	12	놀이, 미술, 사회성향상프로그램, 부모상담, 언어, 인지-학습치료
파주	청소년영어체험캠프	180	20	8	원어민교사와 다양한 체험을 통하여 영어를 자연스럽고 재밌게 배울수 있는 합숙형 프로그램
안성	가족과 함께하는 안성맞춤 문화관광체험(사시사철)	230	30	8	사회취약 계층에게 문화,예술,관광체험 관련 이용비 지원 문화관광 시티투어 연계 등
김포	가족나들이 지원서비스	220	20	8	공연 등 문화체험 활동, 박물관견학 등 교육체험 활동, 동물원 등 이용 지원 서비스
광주	국제결혼이민자 및 자녀 단체 한글교육	56	4	8	단체한글교실
	국제결혼이민자 및 자녀 가정방문 한글교육	39	3	8	가정방문 한글교육(주1회)
	치매노인 부양가족 여가지원서비스	90	20	8	치매노인 부양가족의 여행 및 휴식지원 서비스, 온천 및 스파랜드 여가지원
포천	우리아이 희망나누기1	150	10	8	결혼이민자와 자녀가 함께 블럭놀이, 한글교육, 종이접기 교육을 통하여 언어습득 및 지능향상
여주	정서행동장애 아동. 청소년 치료서비스	200	20	8	놀이치료, 미술치료, 가족치료등
연천	결혼이민자가정을위한통합서비스	220	20	8	아동에게는 한글 및 독서지도, 이민여성에게는 한글지도
양평	아동청소년문화체험활동	205-210	5-10	8	문화체험, 놀이체험, 학업능력향상 연계서비스

□ 강원도

	사업명	가격(천원)	자부담(천원)	시작월	서비스내용(07년)
공동개발	찾아가는 이동세탁서비스	75	7	8	세탁물 처리와 수선, 건조 및 관리
춘천	외국어 캠프운영	200	20	11	원어민 교육강사 일상 생활에서 사용하는 회화 위주 학습
	고령인력활용 night care 서비스	200	60	9	아동정서지원, 틈새시간 보호 등
원주	장애아동 재활치료서비스	250	50	9	언어, 심리, 물리, 작업치료
강릉	극기훈련을 통한 정서발달지원서비스	225	25	12	겨울극기훈련, 야외활동, 자존감 강화 활동
	비전형성지원서비스	218	18	12	원어민강사와 회화, 영어활용능력강화
	소아청소년 언어/심리치료서비스	230내외	30내외	8	언어치료, 심리치료(미술, 행동, 놀이, 음악, 인지치료)
	OK 베이비시터 서비스	750-950	350-550	8	베이비시터의 가정에서 아기를 돌보는 서비스, 베이비 시터가 이용자 가정에서 아기를 돌보는 서비스
	민속문화체험을 통한 정서지원서비스	50	0	12	문화체험을 통한 심리정서풍요지원
동해	취약 계층 및 저소득가구 전문소독서비스	30	2	8	실내 소독 (바퀴벌레, 개미, 쥐, 모기, 집먼지진드기), 재래식화장실 소독
속초	홈토탈 크리닉 서비스	210-230	10-30	8	실내바닥청소 및 정리, 화장실청소(곰팡이제거, 소독, 방향제설치), 주방 살균 및 곰팡이 제거, 침대크리닉, 냉장고 정리
	발달장애아동 치료지원서비스	225	27	8	언어치료, 놀이치료, 미술치료, 조기특수교육
	정신지체 및 발달장애아동을 위한 특수교육 지원서비스	120	12	8	언어영역, 사회/정서영역, 감각통합P/G, 일상 생활P/G
삼척	영유아돌보미 서비스	410-550	10-150	8	베이비시터, 방과후 아동 돌봄 및 가사지원
홍천	청결한 가정환경 만들기 지원서비스	40	4	9	분무소독, 살충소독, (월1회)
횡성	내니서비스	240	40	8	-돌봄서비스: 놀이하기, 샤워, 간식먹이기, 학원보내기 -교육서비스: 예절지도, 숙제지도, 도서지도등
철원	농촌 아동을 위한 방과후서비스	90	10	9	숙제지도, 특기적성지도, 간식 및 위생지도
화천	주거환경 소독방역 서비스사업	50	5	8	분무소독 서비스, 연막소독 서비스, 방제 서비스, 침대매트류 진드기 제거 서비스
양구	저소득 청소년 영어체험캠프	200	26	8	영어능력 향상을 목적으로 원어민과의 체험활동, 레저활동 등 실시
고성	지역아동과 결혼이민자의 윈윈교육서비스	100	10	8	그룹별 영어 홈스터디
인제	어린이놀이터전문소독서비스	144	24	8	놀이터 및 놀이기구의 정기적인 관리
양양	어린이 체험학습 프로그램 운영	140	10	8	현장체험과 테마교실

□ 충청북도

	사업명	가격(천원)	자부담(천원)	시작월	서비스내용(07년)
청주	경로당 및 독거노인소독 방제에 따른 일거리 창출	20	2	9	전형적인 해충, 곰팡이, 집, 먼지진드기, 쥐 세균방제 및 소독서비스
	장애 등의 영유아동 건강발달지원 사업	210	25	9	상담서비스와 사회적 적응훈련
제천	이주민 여성을 위한 한국문화방문서비스	220	20	8	여성상담 및 강의, 한글교실 및 독서교실, 한국음식배우기
청원	결혼이민자 가정을 위한 사회통합프로그램	190	30	9	한국어교육, 가족상담 등
보은	온누리 살림서비스	210	10	8	교육서비스, 문화서비스, 사회참여서비스 등
옥천	쾌적한 농촌마을 복지시설 서비스	120	10	9	경로당 청소 및 소독서비스
영동	다둥이, 다문화, 여성장애인 가정의 행복지원서비스 " 多, 多 행복서비스"	208	18	9	자녀육아 및 가사지원을 위한 도우미 파견 (일상 생활지원, 육아지원, 가사지원, 대화지도 등) (월8회, 주 2회, 회당 4시간)
괴산	관내 초등학생 체험학습도우미서비스	40	4	9	박물관, 동굴, 수목원 등 현장체험
단양	중증장애인 생활공간 청소대행 서비스	210	10	8	청소대행 서비스, 방제서비스

□ 충청남도

	사 업 명	가격(천원)	자부담(천원)	시작월	서비스내용(07년)
공동개발	장애 등의 영.유아아동 건강발달 지원사업	230	30	8	-장애 예후 조기 발견 및 중재를 위한 상담서비스 -언어,작업,심리,미술,음악,놀이,체육치료 활동 서비스 -인지학지도,대상자 집단프로그램 및 부모교육
천안	저소득청소년 영어문화체험 학습서비스	240	40	9	상용 영어 회화 학습 서비스 다문화 경험을 통한 국제적 감각 습득
공주	맞춤형 운동처방서비스	170	10	8	-노인,장애인,산모,생활지원서비스 대상자에게 맞춤형 운동처방 -체력측정 및 혈액검사재활 마사지 및 레크리에이션,수중운동
보령	「맞춤형 종합 방역서비스」	85	5	9	종합방역 및 해충퇴치
아산	아동성장발달 클리닉센터	240	40	8	성장 발달 장애 / 비장애아동에게 정상적 성장 발달을 위한 서비스 : 언어치료, 작업치료, 행동치료 등
논산	결혼 이민가정을 위한 사회통합프로그램	58	3	8	결혼 이민자 가정의 0~13세 미취학 및 초등학생 자녀들에게 정기적인 학습능력 향상 프로그램(학습지 등) 지도
계룡	문제행동 아동 조기개입 서비스	200	10	9	개별,집단상담. 부모상담
금산	어려운 이웃과 함께하는학습교실운영	155	5	9	저소득계층 문맹자 한글 및 수학학습 서비스
연기	저소득아동 가정의 테마 문화체험	110	10	9	지역문화체험 추천,안내
부여	노인부양가족 여가지원사업	220	20	8	노인 부양 가구원에게 건강검진 같은 의료서비스 제공 또는 여가시설에서 휴식 할 수 있는 서비스 제공
서천	노인부양가구 여가지원서비스	220	20	9	국내여행,가족간 의사소통 기법등 여가교육서비스
청양	아동발달 치료지원서비스	96	10	9	언어,심리,작업,물리치료등 활동 서비스
예산	쾌적한 주거환경을 위한 독거노인가구 방역청소서비스	130	10	8	노인 주거환경에 청소 및 전문적인 방제/소독서비스
	국제결혼여성 일자리 창출을 통한 저소득층 아동 외국어교육지원서비스	70	10	8	국제결혼 이주여성을 통한 외국어(영어)교육 제공
태안	저소득아동 가족나들이 지원서비스	110	10	9	테마문화체험선정추천,안내, 가족여행지원
당진	장애아동 통합건강발달지원서비스	230	30	9	장애 영,유아,아동에 대한 예비검사 및 통합 건강발달지원

□ 전라북도

	사 업 명	가격(천원)	자부담(천원)	시작월	서비스내용(07년)
전주	취약 계층 가정 전문소득 서비스	43	3	9	해충퇴치, 집먼지 진드기 제거, 또는 조합 살균.방제 등
	장애인 이동 도서 대출 서비스	22	2	8	중증 재가장애인의 문화 욕구 충족을 위하여 희망도서 배달
	여성 결혼이민자 및 자녀 방문학습지 지도사업	35	7	8	국제 결혼 이주여성 및 자녀에게 한글 및 한국어 학습지도
군산	취약 계층 건강환경지원서비스	45	5	11	종합살균. 방제 서비스
	이주여성 외국어지도교사 파견서비스	220	20	8	외국어(영어) 교육지도 서비스
익산	희망놀이터! 전문소득방역서비스 사업	140	10	9	어린이 놀이터 모래밭 및 실내,외 놀이기구 소독서비스
정읍	취약 계층 방역소독	30	2	9	가정방문방역소독
남원	행복한가족나들이 지원서비스	200	20	9	문화관광시티투어연계
	이주여성 가족 통합지원서비스	200	20	9	교육사업, 상담사업
김제	비전2020 로봇과학교실	50	8	9	로봇과학 실습교육 및 과학체험 프로그램
	장애인 재활치료 및 이송서비스	236	36	8	재활치료(언어,물리,작업,심리),차량이송서비스
완주	저소득층, 장애인아동이 부모와 함께하는 문화체험 서비스	20	2	8	저소득층, 등록장애인 아동이 있는 세대를 대상으로 부모와 함께하는 문화체험
	장애아동의 특수교육 및 치료서비스	230	30	8	장애아동의 소외감과 열등의식 해소를 위한 특수치료
	저소득층 자녀 영어마을 이용서비스	220	20	9	영어교육
	꿈나무 육성을 위한 외국어 학습도우미 서비스	180	15	9	외국어 학습지도

	사 업 명	가격 (천원)	자부담 (천원)	시작월	서비스내용(07년)
진안	청소년 비젼확립을 위한 리더쉽 캠프운영	200	30	9	청소년 리더쉽캠프 기초, 심화과정
무주	우리동네 생활환경 개선사업	50	7.5	9	소독 및 방역
	함께하는 역사탐방 지원사업	50	7.5	9	역사와 문화지역 탐방
	자연체험을 통한 정서발달지원서비스	85	10	11	흙교실, 나무교실, 전통악기교실, 숲교실 등 창의교육을 통한 정서적, 심리적 지지 프로그램
장수	노인부양가족여가지원사업	270	70	9	문화체험서비스
	지역사회원어민강사 활용영어학습서비스	90	5	9	영어회화
임실	건강하게 숨쉬는 노인사랑방	50	5	9	방제, 소독
	결혼이민자여성역량강화	220	20	9	생활지원, 자녀양육지원, 상담
순창	맞춤형복지를 위한 행복한 농촌마을 만들기	130	13	9	건강교육, 물리치료, 장수프로그램, 나들이
고창	어린이놀이터 전문 소독 서비스	140	10	8	놀이터 소독 및 방제로 건강 관리, 질병예방서비스 제공
	경로당소독서비스	80	5	9	소독방제, 건강관리, 질병예방
부안	주거환경 소독 및 청소서비스	100	10	8	소독과 청소를 통하여서 건강한 노후생활유지 지원
	성인 장애자녀 가구 주간보호 서비스	250	50	8	일상 생활 훈련사업 취미활동 지원사업 가족지원사업
	노인부양가족 문화 탐방 지원서비스	240	40	9	문화유적지 탐방
	이주여성가족 문화 탐방 지원서비스	240	40	9	문화유적지 탐방

□ 전라남도

	사업명	가격 (천원)	자부담 (천원)	시작월	서비스내용(07년)
시도 개발	농어촌 노인 건강장수 활력서비스	56	5.6	9	운동.교육강사료, 목욕서비스, 건강교육.상담등
목포	고령자 만성퇴행성질환 예방관리 서비스	30	2	9	근육 및 골결맛사지, 지압, 자극요법 등
여수	찾아가는 아동/청소년 심리 상담 도우미	160	10	8	심리검사, 미술음악동작연극치료
순천	SOS/건강한 어린이 만들기 프로젝트	140	10	8	음악치료, 대사회성 배양 훈련 등
나주	향기나는 건강 가정 가꾸기 사업	50	5	9	의료 및 이불 등 소독세탁서비스
광양	맞춤형고용복지통합지원서비스	100	0	10	사회 서비스 연계, 취업. 창업알선, 상담.사후관리 등
담양	맞춤형 영양관리지원서비스	40	4	9	영양상담 및 교육, 영양지도, 영양관리
곡성	Youth 영상미디어 아카데미	220	20	9	영상미디어 제작 강의.사진촬영 기법 강의 및 현장학습 활동 등
구례	청결한 경로당 만들기 서비스	80	5	8	경로당 소독 및 청소서비스
고흥	건강하고 쾌적한 노인 공동생활 조성사업	70	5	9	정기적인 소득실시, 취사장 및 화장실 관리
보성	경로당 소독 서비스	80	5	8	경로당 소독 서비스
화순	저소득 아동 및 청소년 위한 영어체험학습	90	10	8	아동 및 청소년에게 외국 이주여성 활용 영어학습
장흥	국제결혼 이주여성 활용 자녀 영어교육	200	20	9	저소득층 아동 대상 방과후 결혼이민자 외국어강사 파견 학습지도
	맞춤형고용복지통합지원서비스	100	0	9	사회 서비스 연계, 취업. 창업알선, 지역자원 동원, 상담 등
강진	건강하고 쾌적한 노인 공동생활 조성사업	80	5	9	위생해충 구제 소독서비스
해남	찾아가는 한부모 가정 안정화사업	180	15	9	생활지원(세탁,청소,음식조리 등), 정서(아동 건강관리, 말벗), 상담서비스
영암	지역사회 원어민강사 활용 소그룹 영어학습	90	10	8	초등학생에게 외국 이주여성 활용 영어학습
무안	조손가정 맞춤형 사례관리서비스	200	10	8	상담서비스, 건강예방서비스, 놀이치료서비스 등
함평	상큼가정 생활서비스	30	3	9	세탁물 수거하여 소독, 세탁,배달까지 원스톱 서비스
	이주 결혼여성 한문화 사업	160	10	8	국제결혼 여성들에게 언어와 문화적 차이 해소를 위한 한글 및 예절교육 서비스(한글교육, 예절, 요리)
영광	국제결혼 이주여성 활용한 원어교육	90	5	8	아동에게 외국 이주여성 활용 영어학습
장성	건강하고 쾌적한 노인 공동생활 조성사업	80	5	9	경로당 청소 및 소독서비스
	가족과 함께하는 행복충전	50	5	9	문화체험서비스(공연관람, 놀이시설이용등)
완도	도서낙도주민 수인성 전염병 예방 위생	40	4	9	물 저장 탱크 청소 및 소독 서비스
진도	건강하고 쾌적한 노인 공동생활 조성사업	80	5	9	경로당 해충방제 소독 서비스
신안	건강하고 쾌적한 노인 공동생활 조성사업	105	5	9	위생해충 방제 및 청소서비스

□ 경상북도

	사 업 명	가격(천원)	자부담(천원)	시작월	서비스내용(07년)
공동개발	장애아동의 교육 및 치료지원 사업	220	20	8	상담·언어·심리·놀이·음악·미술·행동·운동치료
포항	엄마와 함께하는 즐거운 놀이교실	210	10	10	뮤직가든, 미술가베, 레고닥터, 모래놀이, 동화구연 등
	글로벌 인재양성을 위한 영어체험 학습	210	20	9	원어민 영어회화학습 서비스제공, 역할극, 현장학습체험
	노인 퇴행성질환 예방관리서비스	58	2	10	근육 및 골격 맛사지, 지압,자극요법
경주	신바람 신라문화체험	110	10	10	경주 문화체험 엑스포 답사,영어로 체험하는 문화재 답사,국악공연,국악기체험,목공예,문화재모양블럭,천연비누공예,점토체험,민속놀이 등
김천	건강한 집 만들기 지원서비스(집먼지진드기제거서비스)	100	10	9	이불, 침대,메트리스등 살균서비스
	건강한 집 만들기 지원서비스(해충퇴치서비스)	30	3	9	해충퇴치서비스
안동	아동돌보미(Nanny) 확대형 사업	240	40	8	집에 혼자 있는 아동을 돌보는 서비스-> 놀아주기, 책 읽어주기, 학원보내기 등
	지역문화속에 큰 지혜찾기 서비스	100	10	11	지역내 다양한 역사, 문화적 사례 체험 학습
구미	과학체험을 통한 비전육성서비스	220-240	20-40	12	과학체험 활동을 통한 비전 확립서비스
	비전형성지원서비스	220-240	20-40	12	원어민과 함께하는 영어문화 체험
	가족과 함께하는 미래세대 비전 사업	50	10	8	놀토, 방학기간 중 아동·청소년 및 가족 기능 강화 및 비전제시를 위한 체험 교육 활동
	취약 계층 건강환경지원서비스	220-250	20-50	12	해충,개미,바퀴벌레,집먼지 진드기 등 박멸사업
영주	초·중학생 영어체험 캠프	200	20	9	전공강사에 의한 영,수 학습서비스 제공
영천	초·중학생 영어체험 캠프	210	20	9	원어민 교수에 의한 영어회화 학습, 현장학습 체험
상주	행복한 가정 가꾸기 테마 여행 서비스	180	10	8	숙박, 식사제공, 계절별 제공하는 다양한 서비스 체험, 관광지 문화 체험 등
경산	청소년 문화체험	110	10	9	문화유적지 견학(박물관 견학 등), 문화체험
의성	찾아가는 한글교실	70	10	8	개인의 특성을 고려한 맞춤 한글 교육 서비스
청송	미래지향적 친환경 영어캠프	220	20	12	원어민 교수에 의한 영어회화 학습, 현장학습 체험
영양	청소년 전통문화 및 예절체험 서비스	110	11	9	전통예절, 다도예절, 한문서당, 문화유적지답사, 전통놀이 등
영덕	쾌적한경로당만들기프로젝트	87	7	10	전문적인 청소 및 소득서비스
청도	새싹들을위한찾아가는도서지원서비스	10	2	11	연령에 맞는 도서배달
고령	쾌적한 여가복지 시설만들기(경로당 소독)	140	10	9	경로당 실내외 해충, 곰팡이, 진드기 방제 소독 서비스
성주	Home total cleaning service	160	24	9	저소득가정 주방, 욕실, 침대매트리스, 쇼파등 청소사업
봉화	농어촌학생 영어체험 캠프운영	220	20	10	원어민교수에 의한 실용 영어회화학습서비스, 현장체험학습등
	결혼이민자가족 지원프로그램 제공	210	10	8	상담사업,교육사업,여가문화사업,지원사업등 27개 프로그램
칠곡	비전형성지원서비스	220	20	11	원어민강사와 회화, 현장학습활용영어능력강화
	민속문화체험을 통한 성장발달지원서비스	55	5	11	지역내 다양한 민속문화체험
울진	저소득 아동의 교육 및 문화예술 체험서비스	113	13	8	도예교실, 바둑교실 등 교육문화 서비스 계절별 놀이체험, 문화 유적지 체험 등

□ 경상남도

	사 업 명	가격(천원)	자부담(천원)	시작월	서비스내용(07년)
시도개발	장애등의 영/유 아동 건강발달지원사업	230	30	8	장애아동에 대한 1:1맞춤형 물리치료, 언어청능치료, 심리행동치료, 조기발견 및 중재상담서비스, 장애 및 장애 예후별 치료서비스
창원	어린이 놀이터 모래밭 소독 서비스	140	10	8	어린이 놀이터 모래밭 전문소독
	정신지체, 발달장애아동 주말캠프	200	20	8	사회성 향상 프로그램(집단야외활동, 문화시설견학, 체육, 예체능활동 등) 및 일상 생활훈련(식사예절, 신변처리 등)
	쾌적한 보금 자리 조성서비스	100	10	8	전문적인 해충, 곰팡이, 진드기 방제 및 소독서비스
	결혼 이민자를 위한 사회통합 및 취업을 위한 기능 습득 프로그램	20-130	15-20	8	한글교실, 한국문화체험, 생활정보지원, 결혼이 민자들간의 인적 네트워크 형성 등
진주	저소득자녀 원어민 영어회화서비스	200	30	9	원어민 교수에 의한 실용 영어회화 학습 서비스
사천	결혼이민자, 외국인노동자 및 자녀통합서비스(학습지원서비스)	55-69	5-19	8	국어 및 수학학습지원
	결혼이민자, 외국인노동자 및 자녀통합서비스(문화체험서비스)	14	4	8	체험학습 지원
김해	어린이놀이터 전문소독서비스	140	10	9	어린이놀이터 모래밭 및 놀이기구소독
밀양	외국인 문화적응프로그램"해피스쿨"	207	27	8	한글교실, 요리교실 등
	저소득 청소년 영어체험캠프운영	230	30	7	영어 체험 학습
거제	결혼이민자 가족 생활종합지원 서비스	220	20	8	한국어교육, 가족상담, 생활요리, 자녀놀이교육, 동요부르기, 예절교육, 금융교육, 인형극, 가족등반, 비즈공예, 소비자교육 등
양산	결혼이민여성 문화적응 프로그램"러브코리아"	200	20	9	한글교실, 요리교실, 이미용교실, 컴퓨터교실등
남해	결혼이민자 및 외국인노동자 한글교육지원	33	3	9	가정방문 학습지도를 통한 한글교육 주1회 교사방문지도
하동	가정 방역서비스	50	2.5	8	기초생활수급대상자 중 독거노인 가정방문 방역
함양	노인가구 방역서비스	30	2	9	전문방제서비스
	국제결혼여성 한글학습지원	33	3	9	방문학습지도를 통한 한글교육 주1회 교사방문지도

□ 제주도

	사 업 명	가격(천원)	자부담(천원)	시작월	서비스내용(07년)
시도개발	취약 계층 주거복지증진을 위한 친환경 방제서비스 사업	110	10	8	집안 내외 해충방제서비스: 바퀴벌레, 모기 등 집먼지 진드기 방제 : 살균, 위생청소, 항생제 도포 등
	복지사각지대 장애아동의 인지능력향상 프로그램	200	20	8	언어치료, 미술치료, 심리치료 등 아동 보호 서비스, 일상 생활훈련 등 사회성향상교육
	장애가정 청소년의 전인적 성장지원을 위한 "주니어 Well-Being 클리닉 센터" 운영사업	210-240	10-40	9	- 신체발달클리닉: 기초체력지도계획수립, 비만도측정및관리, 스포츠활동 등) - 정서발달클리닉: 음악, 미술, 조형활동 등을 통한 대인관계능력 향상지도 - 사회성 발달 클리닉: 지역사회내 각종시설 등 활용능력지도, 사회생활에 필요한 대인기술지도, 생활자립능력향상도모

<부록 3> 2008년도 사회서비스 전자바우처 사업 개요

1. 2008년도 보건복지부 4대 바우처 사업 당초 예산

		2007				2008			
		대상(명)	예산(백만원)			대상(명)	예산(백만원)		
			소계	국고	지방비		소계	국고	지방비
노인돌보미		19,337	37,274	26,161	11,113	14,396	40,161	27,543	12,619
중증장애인활동보조		22,000	41,682	27,637	14,045	20,000	101,867	68,772	33,096
산모신생아도우미		39,808	20,280	16,507	5,381	43,471	24,648	18,400	6,248
지역사회 서비스 혁신	자체개발형	-	51,459	34,591	16,868	-	47,300	47,300	-
	표준형	-	51,459	34,591	16,868	-	47,700	47,700	-
	소계	-	102,918	69,182	33,736	-	95,000	95,000	-
합계		81,145	202,154	139,487	64,275	77,867	261,677	209,714	51,962

2. 노인돌보미 서비스

구분			2007	2008
서비스대상	소득기준		전국가구 평균소득의 150% 이하	좌동(4인가족 기준 556만원) (평균소득 인상에 따른 금액조정)
	건강상태 (요양필요점수)		40점 이상	◦ 1~6월 : 40점 이상 ◦ 7월이후: 40점이상~55점미만 (장기요양보험 연계)
	요양점수 판정조사표		◦ 5개영역, 51개 항목 ◦ 무료및실비노인요양시설 입소대상자 선정지침('05.12) 준용	◦ 5개 영역 52개 항목 ◦ 무료및실비노인요양시설 입소대상자 선정지침('07.10) 준용
바우처	서비스시간		월 27시간 단일 서비스	월 36시간 선택 가능
	정부 지원액	차상위 초과	202,500원/월	◦ 월36시간 : 270,000원/월 ◦ 월27시간 : 202,500원/월
		차상위 이하	220,500원/월	◦ 월36시간 : 294,000원/월 ◦ 월27시간 : 220,500원/월
	본인 부담금	차상위 초과	36,000원/월	◦ 월36시간 : 48,000원/월 ◦ 월27시간 : 36,000원/월
		차상위 이하	18,000원/월	◦ 월36시간 : 24,000원/월 ◦ 월27시간 : 18,000원/월
제공기관	개수		시·군·구 당 2개소 원칙	제한 없음
	대상기관		가정봉사원파견시설 및 지역자활센터 우선 지정	민간영리기관 포함 가능
	도서벽지 교통지원금		없음	방문 당 3천원/회

3. 장애인활동 보조사업

<table>
<tr><th>구 분</th><th>2007년</th><th>2008년(변경사항)</th></tr>
<tr><td>신청자격</td><td>◦ 장애1급 장애인</td><td>◦ 국민건강증진기금에 의한 희귀·난치성 질환자 의료비 지원 대상자 중 간병비를 지급받는 자는 신청 가능
◦ 노인장기요양급여 수급자는 신청제외</td></tr>
<tr><td>선정기준</td><td>◦ 장애유형 : 등록 장애 구분 없음 (15종 전체)
◦ 중등도 : 장애등록 1급으로 「인정조사표」에 의해 일정 기준 이상인 자
◦ 소득기준 : 소득기준 없음. 단, 소득수준에 따라 본인 부담차등
◦ 연령 : 만 6세 이상~만 65세 미만</td><td>◦ 독거 특례지원 대상자 지원
① 주민등록상 단독 가구원일 것
② 현장에서 실제 독거로 확인될 것</td></tr>
<tr><td>등급별 인정시간</td><td>◦ 등급 기준의 인정 시간을 4등급으로 구분
◦ 6세~18세 미만 장애아동은 3,4 등급 부여
<table>
<tr><th>등 급</th><th>등급별 점수대(점)</th><th>월 인정시간</th></tr>
<tr><td>등급 1</td><td>380 ~ 445</td><td>80시간</td></tr>
<tr><td>등급 2</td><td>346 ~ 379</td><td>60시간</td></tr>
<tr><td>등급 3</td><td>281 ~ 345</td><td>40시간</td></tr>
<tr><td>등급 4</td><td>220 ~ 280</td><td>20시간</td></tr>
</table></td><td>◦ 등급기준 동일, 단 인정 시간 확대
◦ 독거 특례지원 대상 : 2·3·4등급은 20시간, 1등급은 30시간 추가 지원
<table>
<tr><th>등 급</th><th>등급별 점수</th><th>월 인정시간</th></tr>
<tr><td>1 등급</td><td>380 ~ 445</td><td>90</td></tr>
<tr><td>2 등급</td><td>346 ~ 379</td><td>70</td></tr>
<tr><td>3 등급</td><td>281 ~ 345</td><td>50</td></tr>
<tr><td>4 등급</td><td>220 ~ 280</td><td>30</td></tr>
</table></td></tr>
<tr><td>서비스 단가</td><td>◦ 시간당 7,000원</td><td>◦ 시간당 8,000원</td></tr>
<tr><td>교통 지원금</td><td>◦ 없음</td><td>◦ 도서 벽지지역 방문 서비스 제공 1회당 원거리 교통지원금 3천원 지원</td></tr>
<tr><td>본인 부담금</td><td>◦ 소득수준에 따라 본인부담률 차등
◦ 본인 부담액 상한선을 설정
<table>
<tr><th>소득수준</th><th>기초수급</th><th>최저생계비 120% 이내</th><th>최저생계비 120% 초과</th></tr>
<tr><td>본인 부담률</td><td rowspan="2">면제</td><td>10%</td><td>20%</td></tr>
<tr><td>부담 상한액</td><td>월 2만원</td><td>월 4만원</td></tr>
</table></td><td>◦ 소득수준에 따라 본인부담금 차등
◦ 정액제
<table>
<tr><th>소득수준</th><th>기초수급</th><th>최저생계비 120% 이내</th><th>최저생계비 120% 초과</th></tr>
<tr><td>본인 부담금</td><td>면제</td><td>월 2만원</td><td>월 4만원</td></tr>
</table></td></tr>
</table>

4. 산모 · 신생아 도우미 지원사업

구분		2007	2008
지원 대상	소득기준	도시근로자가구 평균소득의 60% 이하 (해산급여대상자 제외)	전국가구 평균소득의 65% 이하 (해산급여대상자 제외)
	차량 종부세 기준적용대상	건강보험 직장가입자만 적용	건강보험 지역가입자도 적용 종부세 기준 삭제
	신청기간	출산 전후 60일 이내	출산 전 60일, 출산 후 30일 이내
바우처지원	바우처 종류	종이 쿠폰	전자카드식 바우처 (새올행정시스템 통해 발급 신청)
	정부지원액	2주 550천원	2주 567천원
	본인부담금	없 음	48천원
서비스제공	도우미 급여	최저 500천원 (12일 기준)	삭 제
	교육시간	40시간	80시간
기타	서비스 만족도 조사	서비스 제공기관이 도우미를 통해 산모의 만족도 설문조사	기존 만족도 조사 폐지, 별도 평가 실시

5. 지역사회서비스 혁신사업

구분		2007	2008
서비스대상	소득 기준	◦ 전국가구평균소득 이하 가구 원칙(4인가구 3,532천원) ◦ 서비스 성격 등을 감안, 지자체 자율 조정 가능 (보편형아동투자바우처 제외)	◦ 좌동(단, 평균소득 인상에 따른 금액 조정(4인가구 3,705천원)) ◦ 7인이상 가구 소득 기준 추가
	판정 유효기간	◦ 회계연도 기준 ('07.12.31까지)	◦ 사업별 · 개인별 자격 기간 기준 (서비스 개시월+대상자 지원 기간) ◦ 최대 1년 지원 원칙
	재판정	◦ 없음	◦ 신설(지역맞춤형 바우처에 한함)
바우처	본인 부담액	◦ 서비스 가격의 10~15%	◦ 서비스 가격의 20%이상
기준정보 변경	복지부 승인 사항	◦ 대상자, 선정기준, 바우처 지원액, 서비스 내용 등	◦ 좌동 ◦ 바우처 생성 주기, 지원횟수, 사업 예산 변경 (추가)
	신청일	◦ 기준정보 변경 15일전	◦ 기준정보 적용 전월 15일까지
	일괄 자격 해지	◦ 없음	◦ '대상자 지원 기간 변경'시 기존 대상자 일괄 자격 해지 후 재신청
단말기 제공		◦ 일부 무상보급 (사업 선택 시군구당 1개)	◦ 전액 제공기관 부담

참고 문헌

[국내 문헌]

강선경 · 김학주. 2007. 「사회 서비스 품질 향상 방안 및 관리모형 도출에 관한 연구」. 보건복지부 연구용역보고서.

김원종. 2004. OECD 국가들의 인구고령화 파급 효과 및 대응전략. 「OECD FOCUS」, 9월호. 대외경제정책연구원.

김종해. 2007. Voucher는 혁신인가?. 「사회 서비스 바우처 제도와 장애인 복지사업의 비전과 과제」. 가톨릭대 사회복지연구소 학술심포지엄 자료집.

김혜원 외. 2006. 「사회 서비스 분야 일자리 창출 방안에 관한 연구」. 한국노동연구원.

류덕현. 2006. 지역별 사회간접자본 스톡의 적정 규모에 관한 연구. 「재정포럼」, 9월호.

사회서비스관리센터. 2007. 「당신이 있어 행복합니다」. 전자 바우처 수기 사례집.

유한욱. 2006. 「재정효율성 제고를 위한 시장 원리 활용 방안: 바우처 제도를 중심으로」. 한국개발연구원.

윤홍식, 2006. 새로운 사회적 위험과 한국 사회복지의 과제: 사적(가족) 영역으로부터의 접근. 한국사회복지학회 2006년 추계학술대회 자료집.

이봉주 · 김문근. 2007. 한국 사회 복지 서비스 공급 체계의 현황과 전망. 「사회복지 서비스 시장의 변화와 전략적 대응」. 한국사회복지학회 추계학술대회 논문집.

이인재 외. 2006. 「통합적 사회정책 대안연구」. 한신대출판부.

이재원. 2007. 사회복지 예산과 시민운동: 부문 인지적 예산 접근과 시민

참여. 윤영진 외. 「복지재정과 시민참여」. 나남.
이재원. 2007. 사회 투자와 국가 재정 운영 과제. 「한국지방재정논집」, 12(2).
이재원 외. 2005. 「고령화 및 미래사회 대응을 위한 재원 확보 및 효율적 운용 방안」. 대통령자문 고령화및미래사회위원회 연구보고서.
이현주 외. 2003. 「공공부조와 사회복지 서비스의 체계분석 및 재편 방안」. 한국보건사회연구원.
전병유 외. 2006. 「한국의 고용전략 수립에 관한 연구」. 한국노동연구원/사람입국·일자리위원회 연구과제.
정경희 외. 2006. 「한국의 사회 서비스 쟁점 및 발전전략」. 한국보건사회연구원.
정광호. 2007. 바우처 분석: 한국과 미국을 중심으로. 「행정논총」, 45(1). 서울대학교 행정대학원.
최재성·장신재. 2001. 수요자 중심의 원칙에서 조명한 우리나라 보육료 지원 제도의 성격에 관한 소고. 「한국아동복지학」, 11.

[국외 문헌]

Bahle, T. 2003. The Changing Institutionalization of Social Services in England and Wales, France and Germany: Is the Welfare State on the Retreat? *Journal of European Social Policy* 13(1), 5-20.
Bruyn, S. T. 1987. *The Field of Social Investment*. Cambridge: Cambridge Univ. Press.
Dinitto, D. M. 2005. *Social Welfare: Political and Public Policy*, 6th ed. Pearson Education Inc.
Esping-Andersen, G. 1999. *Social Foundations of Postindustrial*

Economies. Oxford University Press.

Esping-Andersen, G. et al., 2002. *Why We Need a New Welfare State.* Oxford University Press.

Gooloo, S. Wunderlich & Peter O. Kohler (eds). 2001. *Improving the Quality of Long-Term Care.* National Academy Press.

Hall, A. L. & J. Midgley. 2004. *Social Policy for Development.* Sage.

Mancino, A. & A. Thomas. 2005. An Italian Pattern of Social Enterprise: The Social Cooperative, *Nonprofit Management & Leadership,* 15(3).

Martin, L. L. & P. M. Kettner. 1996. *Measuring the Performance of Human Service Programs.* Sage.

Martinson, K. & P. A. Holcomb. 2002. Reforming Welfare: Institutional Change and Challenge. *Occasional Paper,* No. 60. The Urban Institute. www.urban.org.

O'Connor, J. 1973. *The Fiscal Crisis of State.* New York: St. Martin's Press.

Perkins, D., L. Nelms & P. Smyth. 2004. Beyond Neo-liberalism: The Social Investment State? *Social Policy Working Paper,* No. 3. Brotherhood of St. Laurence and Center for Public Policy. University of Melboune.

Stewart, A. 2005. Choosing Care: Dilemmas of a Social Market. *Journal of Social Welfare and Family Law,* 27(3-4).

Taylor-Gooby, P. 2004. New Risks and Social Change. P. Taylor-Gooby ed. *New Risks, New Welfare: The Transformation of European Welfare State.* Oxford University Press.

찾아보기

ㅊ

저자 소개

이재원

서울대 경제학과 졸
서울대 행정대학원(행정학 석사)
서울대 대학원 행정학과(행정학 박사)

경기개발연구원 연구위원
(재)사회서비스관리센터 제1대 원장
현) 부경대학교 행정학과 부교수

[주요 저서]
새행정학(공저, 대영문화사)
현대재무행정이론(공저, 대영문화사)
복지재정과 시민참여(공저, 나남)
참여형 지역복지체계론(공저, 나눔의 집)
공간의 정치경제학(공저, 아카넷)
신산업지구(공저, 한울)

사회서비스 전자바우처

펴낸날 / 제1판 제1쇄 2008년 1월 25일
지은이 / 이재원
펴낸이 / 임춘환
펴낸곳 / 도서출판 대영문화사
주소 / 서울 용산구 청파동 1가 178-2 ㊙ 140-869
등록 / 1975년 12월 26일 제3-16호
전화 / (02)716-3883, (02)714-3062
팩시밀리 / (02)703-3839
우체국 온라인 / 011353-02-009106

ISBN 978-89-7644-268-0

〔값 10,000원〕